童年对人的一生影响深重，
但童年只有一次机会，成长不可逆转。

阿甲

阅读教育基石计划

儿童
阅读推广手册

阿甲 ◎ 著

现代教育出版社
Modern Education Press

前　　言

　　本书是专门为儿童阅读推广人而写的阅读推广实用手册。本书第十章的最后一节介绍了"儿童阅读推广人"的来历，读罢这一节，也许你会发现自己就是其中一员，所以很可能这就是一本专门为你而写的书。

　　笔者从事儿童阅读推广二十余年。早在 2006 年，因为特别的机缘，不得不回答诸如"儿童阅读推广人到底是什么样的人""为什么要做儿童阅读推广""怎么做儿童阅读推广"之类的问题。做了一年多相当繁杂的研究和整理工作，终于在 2007 年出版了最初那本开放式的《帮助孩子爱上阅读：儿童阅读推广手册》，其大体上由三大类内容构成：引导儿童阅读的原理和方法；推广儿童阅读的原理和方法；儿童阅读的故事与推广的故事。

　　最初的手册更像是一本阅读笔记，介绍了中外许多参考书、论文中的原理和方法。从 2007 年开始，笔者将手册所载的原理和方法运用到大量的儿童阅读推广项目中，并取得了显著的成效；这些原理和方法也影响了不少同行，有些已经成为当前国内儿童阅读推广领域的共识。所以，现在这本最新的手册中可以读到许多颇接地气的成功案例，也期待未来的版本能加入更多。从这个角度说，如今它应该可以升级为一本实用手册了。

本书在结构上分为逐步拓展的三大部分：第一部分"儿童阅读循环圈"主要介绍了吉姆·崔利斯和艾登·钱伯斯等人所倡导的引导儿童阅读的方法，从大声为孩子读书到持续默读，再到钱伯斯阅读循环圈的整体介绍，这是相对微观的阅读原理和方法，特别适合家庭和校园场景；第二部分"儿童阅读生态"尝试从儿童阅读实用场景中跳出来，以图画书的阅读为切入口，分析上述方法之所以能行之有效的基本原理，通过引入生态学的观察视角，提出改善儿童阅读社会生态圈的"最小因素"原理；第三部分"儿童阅读推广"重点讨论如何改善上述的"最小因素"，在这里介绍了儿童阅读推广活动中最常见的两种形式——说故事和读书会，并以此为起点，借用传播学的思路，探讨如何促进儿童阅读创新观念的有效传播，继而介绍儿童阅读推广活动中常见的有效方法。

需要特别说明的是，本书更注重原理的分析和阐述，而并不热衷于详细介绍具体的实操方法。笔者曾经参与过很多具体的阅读推广活动，以学校的场景为例：项目学校中既有公立学校，也有私立学校、国际学校，还有外来务工子弟学校，甚至还有地震灾区临时搭建在山沟里的帐篷学校；即使是城里的公立学校，不同地域、不同校区、不同背景的学校，情况差异也很大。所以，我认为其他学校的成功案例只能作为"他山之石"以资参考借鉴，并没有多少实操方法是可以照搬的，更重要的是因地制宜。不过，尽管方法各有不同，但基本原理是相通的。

其实，本书最初的雏形是写于2006年初的一篇名为《从图画书共读看儿童阅读的生态系统》的论文，尝试借用"图画书的生态关系"视角来看待整体的儿童阅读生态。那是我在亲历了四年多的儿童阅读推广活动后的一个阶段性小结。当时，我已深切地体会到，推广优秀童书和有效的儿童阅读方法，并不应仅限于儿童文学和儿童教育范畴本身，而是必须从整个社会生态圈着手。但同时我也欣喜地发现，随着互联网时代的到来，每一个有担当的个体影响社会生态圈的能力也逐渐变得越来越强。所以，只要你真心想改善儿童阅读的生态环境，不必等待，完全可以马上开始。

当然，费力撰写这本《儿童阅读推广手册》也是基于某种强烈的担忧。在 21 世纪最初的几年，电子媒介已是汹涌如潮，身处电子信息的汪洋大海之中，我已经感受到大量阅读人口流失的威胁。而如今，社交媒体、短视频乃至 AI 带来了更强有力的冲击，我们的未来一代还有可能成为自主的、终身的、热诚的读者吗？他们的专注力还足以支撑更有价值的深度阅读吗？

未来难以预测，但我们作为痴迷于阅读并深信阅读力量的"有能力的成人阅读者"，在还来得及选择的时候，多少做些什么吧。

这便是撰写本书的初心。

阿甲

2023 年 6 月 12 日于北京

目录

■ 第三部分

儿童阅读推广

■ 第一部分

儿童阅读循环圈

——大人如何引导孩子阅读

■ 第一章

阅读范例

最初的阅读经历

在开始讨论"如何引导孩子阅读"这个话题之前，请先试着在脑海中描摹一幅"孩子在阅读"的图景。

想好了吗？

你想象中的那个孩子，是你自己的孩子，还是邻家的孩子，或是你的学生？在我的交往经历中，大多数朋友都会沿着这个方向去想象。你是否恰巧尝试了另一种想象："那个孩子就是我自己？"如果确实是这样，那么我要恭喜你，你很可能是一位绝好的引导孩子阅读的导师。

埃利希·凯斯特纳（Erich Kästner）在 1960 年获得国际安徒生奖（Hans Christian Andersen Award）时，曾提出这样惊人的假设："一个人是否能成为儿童读物作家，不是因为他了解儿童而是因为他了解自己的童年。他的成就取决于他的记忆而非观察。"正是因为这样的假设，这位被誉为"德国现代儿童文学之父"的大师在发表获奖感言时，滔滔不绝地"大谈自己"。

另一位儿童文学理论家加拿大的佩里·诺德曼（Perry Nodelman）教授，在他的那本享有盛誉的理论专著《儿童文学的乐趣》（*The Pleasures of Children's Literature*）中，甚至在一开篇就用洋洋洒洒的 5 页讲述了个人经历，包括他的童年。在他看来，每个人自己的童年经验对于研究儿童文学非常重要。

谈到儿童阅读，我们完全可以借用这个假设，但需要略加**修订：一个人如果对自己在童年时代的阅读经历回忆越清晰，将对他成为一位优秀的儿童阅读导师帮助越大**。正是出于这样的原因，读者会在《朗读手册》（*The Read-Aloud Handbook*,

英文版第 7 版）中读到作者吉姆 · 崔利斯（Jim Trelease）对自己阅读成长的回顾，在《自主阅读》（*Comprehensible and Compelling*）中读到作者斯蒂芬 · 克拉生［Stephen Krashen，也是《阅读的力量》（*The Power of Reading*）的作者］博士本人的阅读小史，在《书语者：如何激发孩子的阅读潜能》（*Book Whisperer : Awakening the Inner Reader in Every Child*）中读到作者唐娜琳 · 米勒（Donalyn Miller）学习阅读的"人生的最初记忆"。

你是否还能清晰地记得儿时的第一次阅读经历？

我能记起的第一次阅读是在 6 岁左右。那是在 20 世纪 70 年代，我和两个哥哥随父母住在湖北荆门郊外的一个火电厂工地的平房里，父母都是在厂里工作的文化人，但那时家里没有几本书。

有一天，我很认真地向父母要一本书来看，因为我那时已经认了一些字，还跟哥哥学会了查字典的入门方法。父亲当时很高兴，可在家里翻了翻，没有合适的书，正好他手头有一本厂里刚发下来供政治学习的书，名叫《张思德》，看起来还比较简单，于是便塞给了我。然后我很正经地坐在小桌边，捧着书，翻着字典，卖力地读起来。我很艰难地读了十几页，就再也读不下去了。我从此与这本书告别了，也打消了向大人要书看的念头。我再次读一本书的记忆已经是 3 年以后的事情了。

托互联网的福，现在还能在网上找到这本书的电子版，它由"《张思德》写作组"编写，人民出版社 1976 年 8 月出版，以下是它第一章的几行：

谷娃子就是张思德。

六合乡韩家湾的湾根里，有一座长得出奇、透风漏雨的破房子，里面住着几家最穷苦的佃田户。

一九一五年三月初六清晨，张思德就生在这靠右边一间窄小的厢房里。

显然，对我来说，这是一次很不成功的阅读经历。多年以后，当我读到玛丽安娜·沃尔夫（Maryanne Wolf）的《普鲁斯特与乌贼：阅读如何改变我们的思维》（*Proust and the Squid: The Story and Science of the Reading Brain*）时，忍不住惊叹于儿童学习阅读过程的复杂和神奇，回想起自己当初拿起字典就想自行修炼"阅读脑"的傻气行为不禁哑然失笑。当然，那主要还是因为那时身边的大人对儿童阅读的发展规律一无所知。它是属于那个年代的缺憾，虽然并不足以影响童年整体的快乐回忆，但缺憾终归是缺憾。

所以，当我的女儿一出世，我便开始为弥补这一缺憾而行动起来，为孩子寻找最适合的书和最有效的阅读方法。这件事变得越来越有趣，也越来越富有挑战性，以至于我在不知不觉之中将儿童阅读推广变成了自己的事业。

恰如《小王子》（*Le Petit Prince*）中所说，"所有的大人都曾经是孩子，只是他们大多都已经忘记"。尝试回忆一下儿时的阅读经历吧，它能给你带来很多的启示。

▶ 范例一：你读懂《白雪皇后》了吗？

孩子从什么时候可以开始阅读？答案是：0岁。

并非每个人都能理所当然地接受这个答案。一家少年儿童图书馆在向上级申报阅读活动计划时，主管领导惊讶地发现这项计划针对"0岁以上"的孩子，于是赶紧打电话确认是否写错了，因为要让孩子"识字阅读"至少也要等到3岁以后吧。

"阅读＝识字"——这一误解仍然普遍地存在着。

在我看来，阅读是从阅读对象中获取意义的过程，包括字面的意义、背后的意义，还有延伸的意义。阅读对象并不局限于文字，还可以是图画，甚至是口述作品，如我国的传统评书（评话）。因此，识字对于阅读而言，仅仅是一种手段而已，而且只是多种手段中的一种。如果能理解这一点，孩子的阅读之路当然可以从0岁开始。

日本出版家松居直（Tadashi Matsui）在泰国一所大学演讲时，被问及这样一个问题：怎样使儿童喜欢书——是靠文字呢，还是靠画？松居直的回答是：靠耳朵。沃尔夫在《普鲁斯特与乌贼：阅读如何改变我们的思维》（中国人民大学出版社，2012）中从脑神经科学研究的角度介绍，"数十年来的研究显示：一个儿童聆听父母或其他亲人阅读的时间长短，与他数年后的阅读水平有很大关系"。孩子的阅读从聆听开始，而且常常伴以家人充满爱的身体接触。她进一步指出："聆听文字与感受被爱之间的联系，为以后长远的学习历程奠定了最佳基础。没有一个认知科学家或教育研究者可以设计出比这个更好的方案。"

下面这个阅读范例是我与女儿的亲身经历。从女儿一出世，我们就经常给她读书，起初主要是读有韵律的歌谣和古诗；

大约 1 岁左右，开始为她读一些故事；大约从 2 岁开始，主要是读图画书。这个阅读故事发生在她刚过 4 岁不久，当时我尽可能忠实地记录下来，写成名为《孩子，你读懂〈白雪皇后〉了吗？》的文章，发表于《父母必读》杂志 2004 年第 5 期（上半月刊）。摘引如下：

　　《白雪皇后》是女儿最喜欢的一本图画书，日本插画家永田萌绘制的改编本。这本书在女儿两岁多时送给她，到如今已经读了两年，上百遍都不止，封面都已经有些卷边了，可女儿还是非常喜欢，经常让我和妈妈给她重读，虽然（我想）她肯定已经记住了这本书里的每一句话、每一幅图。

　　这一次，女儿照例又请我重读一遍。我突然想，她已经读过那么多遍，不知读懂了吗？于是我对她说，我们今天来换一种"玩法"吧，一边看图一边聊聊，相互提些问题，看谁能答上来。女儿欣然同意。

　　我提出的第一个问题是："在这个故事里，你最喜欢的人是谁？"

　　女儿回答："格尔达。"我说："太好了！我也最喜欢格尔达。"我们俩好好握了握手。这位格尔达是个小女孩，历尽艰辛，不远万里到白雪皇后的宫中救出了好朋友加伊，我当然希望女儿喜欢她，而且我也知道女儿最喜欢她。

　　女儿的第一个问题是："加伊的眼睛为什么会疼？"

　　我回答："因为魔鬼的魔镜碎片掉到他的心里，也掉到他的眼睛里了。"我本来以为这是个太简单的问题，可女儿追着问："为什么碎片掉到加伊眼睛里，不掉到格尔达眼睛里？"

"这个嘛……因为……故事就是这么写的呀。"你看,这个问题太突然,我也只能这么回答了。不过显然女儿对这个答案很不满意。

我想我也应该问一个"难"一点的问题啦,问道:"说说看,为什么白雪皇后要带走加伊?"

"因为她要帮加伊和格尔达。"女儿不假思索地说。

天哪!我当时真是大吃一惊,这孩子怎么读了两年这个故事,居然是这么读的!在我看来,白雪皇后是一种人性冷酷的象征,她希望将加伊这个活生生的男孩永远禁锢在自己的冰宫中,让他去拼写一个永远也不可能拼写成功的"永恒"。她也许是出于嫉妒,将两个相爱的男孩和女孩硬生生分离。这也能叫做"帮助"吗?

我知道女儿有一种很有趣的倾向,她特别喜欢画得很美的人物,甚至包括动画片《天书奇谭》中的妖狐和《金猴降妖》中的白骨精。这本书把白雪皇后画得太美了,我猜大概是出于同样的原因,她也很喜欢白雪皇后。我打算借这个机会再深入聊一聊,让女儿明白"美丽的外表并不等于美丽的心灵"这样的道理。

于是我继续追问:"那你说,白雪皇后硬是逼着加伊和格尔达分离,这怎么算是帮助他们呢?"

女儿很自信地说:"加伊身体里有魔镜的碎片,如果白雪皇后不把他带走,他会疼死的。"

"那——"我接着找词,"那白雪皇后把他带到冰宫去,他就不疼吗?"

"是啊，"女儿说，"因为在那里加伊就没有感觉了。他等格尔达来救他。格尔达找到他，然后就哭了，然后他身体里的碎片就融化，变成眼泪流出来了。"

听完这个解释，我有半晌不知该说些什么。我自己读过那么多次《白雪皇后》，从来没有发现这个故事原来可以如此解释。晚上，等女儿睡着后，我又拉着她妈妈来讨论这个问题。妈妈给女儿读的次数比我还多，但从来没有跟女儿讨论过这个问题。她也很吃惊，因为在她看来，魔镜的碎片之所以会掉到加伊的身体里，那是因为白雪皇后要惩罚他的骄傲，而把加伊带走也纯粹是惩罚计划的一个当然步骤。在她看来，这个故事主要是赞美格尔达的坚贞和执着，至于白雪皇后，只是一个反面的象征吧。

为此，我又一次找来从原著翻译过来的《白雪皇后》，又研读了几遍。我发现安徒生写的、图画书改编的、女儿读到的、她妈妈读到的以及我自己原来印象中的，都不是完全相同的故事。我发现，女儿"误读"的那个故事也许是其中最美的一个。在女儿的《白雪皇后》里，几乎所有的人物，包括白雪皇后、老巫婆、小公主、小女强盗、芬兰女人、乌鸦、玫瑰花、驯鹿等，都在以各自不同的方式帮助着加伊和格尔达，而他们最终经受住考验，战胜了魔镜的碎片，幸福地生活在一起。在女儿的故事里，善意完美得纯净无瑕！

鲁迅先生 1934 年吐槽他给孩子买的《看图识字》时，感慨地说："孩子是可以敬服的，他常常想到星月以上的境界，想到地面下的情形，想到花卉的用处，想到昆虫的言语；他想飞

上天空，他想潜入蚁穴……所以给儿童看的图书就必须十分慎重，做起来也十分烦难。"（收录于《且介亭杂文》）

许多大人常常轻视孩子，他们难以承认，孩子是完全不同于成年人的独立个体。孩子们有独特的阅读方式，还有独特的思维方法，虽然身躯弱小，但头脑里的思想丰富而迷人。相比之下，许多沉迷于世务中的大人反而不如他们清澈了。

在这个小小的范例中，一个4岁女孩没有用世俗的眼光去"明辨"善恶，于是产生了与大人迥异的价值判断，在她眼里，世间万物都是有灵魂的，而且共同为实现某种善与美的目的而存在。这种价值观颇有宗教意味，很接近墨子的"兼爱"观，至少是对荀子的"性恶论"的颠覆。如果我们仔细去研究丹麦作家安徒生的个人经历和创作背景，这种解读是否更接近于作者的创作本意呢？至少我们无法否定这种解读的合理性，它带给了我们深层的启发。

然而，富有责任感的教育者也会从这种解读中看出某种危险：如果一味鼓励孩子们如此思考，将来他们怎样适应如此现实的社会呢？说得更通俗一些，如果孩子把什么人都看作好人，将来会不会"吃亏"呢？

所以，与孩子的讨论是必要的。我们还需要与孩子分享世俗的法则，让他们逐渐理解社会，明辨善恶，这样他们才能逐渐成长为能自强自立的社会成员。这是一个必不可少的、艰难的社会化过程。

但是，理解"孩子是可以敬服的"仍然非常重要，它让我们在这个不得不完成的社会化过程中，始终保持应有的敬畏之心。

🎗 范例二：你赞成狐狸杀饲养场主人吗？

在这一范例中我们要把目光转向小学。

儿童文学理论家朱自强在其论著《儿童文学论》（中国海洋大学出版社，2005）中谈及儿童文学与小学语文教育的关系时指出："儿童文学产生的重要原因之一是儿童教育的需要，而儿童文学一经产生，更是一直与儿童教育发生着天然而紧密的联系。在语文教育领域，儿童文学与小学校的联系更是密不可分。"

值得欣喜的是，儿童文学教育在目前的小学语文教育中日益受到重视。根据大略的统计，在目前小学语文教科书中，文学性教材约占到85%，其中，除去古代诗歌，则基本上是典型的儿童文学作品。这是否意味着，小学生们已经受到了良好的儿童文学教育，阅读状况因此得到了全面的改善呢？

现实不容乐观。一方面，"在中国，接受过儿童文学知识教育的小学语文教师的数量实在很少"；另一方面，目前小学语文教材选文的水准依然不能令人十分满意，"缺少名著（包括对名著的大量删削），艺术上缺斤少两，缺乏趣味性，想象力、幻想力薄弱，这些问题依然有待解决"。

朱自强指出了问题的重要方面，但还有一点需要补充：目前大多数小学语文教师所接受的儿童阅读教育同样非常欠缺，过于注重语言的技术性分析和文本的模式化解读，而对于引导孩子们自主地广泛阅读，不够重视，也欠缺方法。

世纪之初的扬州，一群语文老师行动起来，以徐冬梅老师为负责人，以"'亲近母语'儿童阅读教育课程研究和实践"为课题开始进行研究，从最初的小范围实践，到全市范围内推广，直到影响力辐射全国各地的多个试点。2004 年 9 月，该课题组成功举办了"第一届中国儿童阅读教育论坛暨亲近母语儿童阅读教育研讨会"，来自全国的 300 多位老师参加并进行了交流，我作为课题组最初的成员也参加了这次大会。

下面这个范例选自这次大会中的一堂阅读示范课实录，主讲人是来自台湾海峡两岸儿童文学研究会的何琦华老师，听课的学生来自扬州市维扬实验小学三（9）班。特别需要说明的是，虽然这是一堂公开的示范课，但老师与学生是第一次见面，相互之间并不了解。学生们课前都通读了英国作家罗尔德·达尔（Roald Dahl）的《了不起的狐狸爸爸》（*Fantastic Mr. Fox*），这是一堂阅读讨论课。

以下实录摘自"亲近母语"课题组的内部交流期刊《读吧·中国儿童阅读论坛》2004 年第 1 期，篇名为"台湾何琦华执教班级读书会《了不起的狐狸爸爸》"。

师：好，知道我们今天要读什么书吗？

生：《了不起的狐狸爸爸》。

师：读过吗？全部读完了吗？

生：是的，读完了。

师：谁能简单地告诉我，这本书上写的是什么吗？

生：主要讲了有三个大坏蛋都想除掉狐狸先生，但是狐狸先生有它的妙计。

师：有没有要补充的呢？

生：那三个大坏蛋是邦斯、博吉斯和比恩。

师：他把三个大坏蛋的名字都说出来了，他读得很仔细噢。

那么你们知道狐狸先生是一个什么样的人吗？

生：狐狸先生是一个了不起的人。

师：你可不可以具体说说它了不起的事实？

生：在一个片段里看到狐狸先生的一个计划，一个新的计划里面讲了它的了不起。

师：什么样的计划？

生：狐狸先生继续挖洞来对付三个坏蛋。

…………

在这一节，主讲老师引导孩子们回顾小说的情节，通过集体的回忆和讨论，大家重新回顾了故事的基本脉络。我们可以把这部分的讨论看作了解阅读对象的"字面的意义"。

师：为什么那三个大坏蛋那么痛恨狐狸呢？

生：因为狐狸经常偷他们的东西。

师：噢，原来狐狸经常偷他们的东西，所以这三位饲养厂的主人，要把它们赶尽杀绝对不对？好，小朋友，我们刚才提到的四个人物是狐狸爸爸，还有三个农场主，你读完这本书的时候，你心里想过吗，你喜欢谁的做法？

生：最欣赏狐狸爸爸的了不起。

师：他觉得狐狸爸爸很了不起，它是怎么计划的？它很什么？

生：它很聪明。

师：还有呢？没有说过话的小朋友说说看。

生：他很机智。

生：它很机灵。

师：机智和机灵很像。还有呢？

生：它非常勇敢。不怕困难。

生：它了不起。

师：就是书里说的。

生：它很坚强。

师：他说了一个不一样的。哪里坚强？

生：它饿了几天了，还在想办法挖洞，找食物。

师：还有什么事情说它坚强？

生：我觉得它是四个孩子最伟大的爸爸。

…………

第二节，讨论被引向了故事的背后，引向情节发展的原因，并且需要孩子们对故事中的人物进行价值判断。这位老师非常聪明，表面上她只是引导孩子们寻找适合的表达方式，而在价值判断上尽可能不动声色。

师：好，我们大家都知道狐狸爸爸非常了不起，对不对？在故事里头，你最不欣赏谁？最不喜欢谁？为什么？刚才你一句我一句的讨论，我们有很多的想法，其实人不是十全十美的，故事里的动物也是一样，不是十全十美的，如果今天《了不起的狐狸爸爸》这里面的人物、角色能够改变他们某一些地方，你会喜欢他们吗？谁怎么样改变，你会喜欢他/它？

生：把那三个饲养主变成大方、不贪财的人。

生：狐狸先生要把偷窃的行为改掉，改成用自己的劳动换来食物。

师：狐狸不要再偷窃了，这样子就不会把自己逼上绝路。其实那三个饲养主的做法是可以理解的，对不对？

生：老师，我有个问题。刚才大家说要用辛勤劳动换来，可是狐狸是吃肉的，它怎么劳动才能得到肉呢？

师：是啊，狐狸要去哪里劳动才能得到肉呢？有谁要雇用它呢？

生：到饲养厂里面去劳动。

师：去帮他们做点事。它能做什么呢？

生：帮三个饲养主洗碗。

生：帮三个饲养主杀鸡。它只要帮他们把鸡毛拔掉就行。

师：它是一个很好的杀鸡机器噢。如果饲养主知道它是这么一个能手，就不要追杀它了。

生：可以让它自己去打猎。

师：对啊，自己去打猎，为什么还要去偷人家的鸡啊，鸭呀呢。

生：老师，我想问，狐狸用什么东西偷啊？它用什么东西打猎？

生：狐狸看到一只兔子在那儿吃草，偷偷地跑过去，抓住它，咬它一口，把它分了吃掉。

师：你们同意吗？

生：不同意。

生：如果世界上那些动物们全被狐狸吃掉了，那它后来吃什么呢？

生：不可能会被杀光的，它吃一只，兔子再繁殖一只。动物会生生不息。

生：可以帮三个饲养主把鸡杀掉，然后烤鸡吃。

生：帮别人酿酒。

师：好，我们再请三个人回答。

生：老师啊，如果你不吃肉的话，那世界上所有的食肉动物就都饿死了。

生：为什么三个大坏蛋要杀狐狸，狐狸不报仇？

师：杀，很恐怖哎。

生：因为狐狸没有机会。

师：你赞成狐狸杀了饲养厂的主人吗？

生：赞成。

师：赞成的举手。（没有几个人。）不赞成的举手。（很多人。）为什么？

生：因为杀人是不好的行为。

生：我提个问题：那三个人杀狐狸就是好的行为吗？

师：是啊，好像这个问题很难解噢。

生：因为杀人是犯法的事情。

师：犯法的事情我们最好不要做。

生：难道他们杀生也是好事吗？如果他们杀人的时候，会把他们带到公安局去问罪。

…………

现场的讨论到此就结束了。上述第二节可以看作讨论"背后的意义"，而最后一节则是讨论"延伸的意义"。聪明的老师有意把孩子们引到了故事之外，让他们在不知不觉之中面临相互矛盾的价值判断：站在人的立场上看狐狸，或站在狐狸的立场上看人。

这种讨论已经触及哲学的层面，但它不是概念化的，而是形象化的，所以孩子们乐此不疲，让人忍不住想起《列子·汤问》中的"两小儿辩日"。讨论的结果是开放式的，并不需要结论。它引导孩子们重新去审视阅读文本，同时也重新审视自身的价值观，其目标是让他们进一步思考，然后重读作品，或再读相关的书籍。

如果孩子们总是能够处在"阅读—讨论—思考—再阅读—再讨论……"这样的状态中，学会阅读、爱上阅读，并非难事。

第二章

大声为孩子读书

· 来！听我读一段——一位美国爸爸的故事

· 为什么要大声为孩子读书？

· 如何大声为孩子读书？

· 什么书适合为孩子大声读？

📖 来！听我读一段—— 一位美国爸爸的故事

　　1946 年的某个晴朗的夏日，在美国新泽西州奥伦奇市的一个乡村公寓区，两个五六岁的小男孩在花园里晒太阳。一个男孩脚上绑着绷带，坐在大号的婴儿椅里，另一个男孩站在一旁，捧着一本漫画书读给他听。多么可爱的情景！好事的大人用相机拍下了这一幕。谁会想到 30 多年后，那位读书的男孩——吉姆·崔利斯——改变了美国的儿童阅读史！

　　多年以后，吉姆·崔利斯回忆说，相片中的另一个男孩是他的邻居，他的脚伤很可能与自己有关，为了帮他"疗伤"，小吉姆找来了一本书。这样的娱乐方式对崔利斯一家习以为常，父亲常常为他和几个兄弟大声读书。这是他们的家庭仪式。一家人也常常坐在一起各自读书、看报，看到好玩的地方，就会忍不住对大家喊道："来！听我读一段。"

　　1963 年崔利斯毕业于美国马萨诸塞大学阿默斯特分校，阿默斯特是女诗人狄金森（Dickinson）度过一生的地方，也是后来艾瑞·卡尔（Eric Carle）图画书美术馆的所在地。毕业那年，22 岁的崔利斯与苏珊结婚。婚后，他们先后有了一女一子。这是个美满的家庭，崔利斯一家延续着"为孩子大声读书"的仪式。有时候，他的侄女到家里玩，正赶上崔利斯在读书，他也会忍不住招呼侄女说："来！听我读一段。"

　　大学毕业后，崔利斯主要从事新闻工作，他能写会画，画作还曾获得大奖。他热爱棒球，而且声音富有感染力，因此有时也会去客串棒球比赛的播音员。后来，记者协会派遣他到各地的学校去做巡回讲演，主要是给孩子们普及有关新闻和插画的知识。这项有趣的任务彻底改变了他的人生！

崔利斯热衷于与孩子们交流。因为他是两个孩子的爸爸，为他们读过大量的儿童文学作品，所以在演讲之余，他常跟听众们聊书，讲书里书外的故事。他的职业演讲获得的反响平平，但一聊起书，现场就非常热烈，孩子们缠着他依依不舍，有的老师还特地邀请他回头来专门聊书！

通过多场的演讲和交流（大约每年40场），崔利斯无意中发现，当时学生们的阅读量普遍较小，但偶尔也会遇到阅读量很大的班级，而在这样的班级中，老师几乎每天都会坚持为孩子们大声读书，而且还常常伴以"持续默读"的方法。这其中是否存在着某种必然的关联呢？

崔利斯对此充满了好奇。他开始着手查阅有关儿童阅读的教育书籍和论文，发现确实有专家在某些论文中提到了"大声为孩子读书"的方法，而且也论证了其价值，但这样的研究和讨论仅限于极小的学术圈子，公众对此一无所知！

震惊之余，吉姆·崔利斯决定自己来写一本书，把这个在他看来显而易见的"秘密"告诉大家，特别是老师和家长。可是这个"秘密"看起来实在是太简单了，无非是——**为孩子大声读书是培养阅读者最有效的方法**。崔利斯后来不无调侃地说："许多人认为这种方法太简单，对孩子们太不费力了，所以肯定没用。"1979年崔利斯不得不自费出版了《朗读手册》。

情况并没有崔利斯预料的那么糟糕。企鹅出版公司注意到了这本书，并于1982年扩充再版。经过推荐，这本书自1983年2月起连续17周荣登《纽约时报》（*The New York Times*）

畅销榜。受此激励，崔利斯告别了新闻职业，专心从事教育研究和阅读推广工作，到处向教师和家长宣讲"大声为孩子读书"的理念和方法，足迹遍及全美国。

1983 年，在美国教育部主持下，由知名专家学者组成了"阅读委员会"（Commission on Reading），专门研究导致阅读危机的原因及解决方法。该委员会耗时两年，详读了过去 25 年间的 10000 多份阅读研究报告，对其中的方法进行评估。1985 年委员会发布了一项名为《成为阅读大国》（Becoming a Nation of Readers）的报告，其中有两项简单的论述最震撼人心：

·给孩子朗读，能够建立孩子必备的知识体系，引导他们最终踏上成功的阅读之路。朗读是唯一且最重要的活动。

·证据显示，朗读不只在家庭中有效，在课堂也成果非凡。"朗读应该在各年级都进行"。

从此，"大声为孩子读书"（即上文中的"朗读"）在全美各地的学校被广泛推行，一些民间力量更组织了专门的机构（如"R2K 为孩子大声读书俱乐部"）来从事推广工作，将这项古老而简单的阅读活动演变成一场全国性的运动。

1989 年崔利斯被国际阅读学会（International Reading Association）誉为 80 年代对阅读贡献最大的人士之一。2008 年他因在图画书推广方面的巨大贡献而被授予艾瑞·卡尔桥梁荣誉奖（Carle Honors Bridge）。

这位了不起的爸爸成了祖父后，5 个孙儿都是他最棒的听众。同时，他也是美国阅读界最受欢迎且最忙碌的演讲人，在 2008 年正式宣布退休之前，他已在全美各地做了 2500 多场演讲。而他的《朗读手册》还在不断更新，2013 年的第 7 版是他本人修订的最终版，这也是目前的中文译本（新星出版社，2016）所依据的版本。

这本书及其译本在世界范围内产生着积极影响，最有趣的案例是它启发了一位波兰驻美国大使的夫人伊雷娜·科兹明斯卡（Irena Kozminska），这位女士回国后于 1998 年创建了一个名为"全波兰为孩子读书"的全国性阅读推广公益基金会，这家基金会因其卓越贡献而获得了 2006 年国际儿童读物联盟（IBBY）颁发的朝日阅读促进奖（Asahi Reading Promotion Award），当年的颁奖礼就是在中国澳门举行的 IBBY 大会上进行的。

2022 年 7 月 28 日，崔利斯因病去世，享年 81 岁。他们家一个看似平常的家庭传统居然给世界带来了这么大的改变，应该足以令他欣慰了。

🅺 为什么要大声为孩子读书？

在讨论这一问题之前，需要厘清"大声为孩子读书"和"朗读"这两种说法。它们都译自英文的"Read-Aloud"或"read aloud"。在中文里，"朗读"通常指自行朗诵，将文章清晰响亮地念出来，在英文自主学习中，这也是一种常用方法。但是，在讨论儿童阅读的语境中，它通常专指成年人为孩子读书的日常活动，实际上并不需要很"大声"，声音只要足够让孩子听到就行，也可以自然随意，哪怕是带着方言土语的口音，哪怕是把文本修改得近乎说故事，都没关系。不过，"为孩子大声读书"也可以采用朗读的形式。正因为这种界限的模糊性，崔利斯的 *The Read-Aloud Handbook* 译成中文时会被展开为《朗读手册：大声为孩子读书吧》。

在介绍"大声为孩子读书"的方法之前，崔利斯在《朗读手册》（英文版第 5 版，2001）中详细讨论了"为什么阅读很重要"的问题。他主要是从学校教育的角度阐述的："阅读是教育的核心，学校中几乎每一科的知识都是通过阅读来学习的。"他还提出了一些很务实的定律：

> 1. 你读得越多，知道得越多。
>
> 2. 你知道得越多，你越聪明。
>
> 3. 你越聪明，在校学习的时间越长。
>
> 4. 你在校时间越长，获得的文凭越多，受雇工作的时间就越长——你一辈子赚的钱就越多。
>
> 5. 你的文凭越多，你的孩子在学校的成绩越高。
>
> 6. 你的文凭越多，你的寿命越长。

虽然这些定律颇有些道理，但继续延伸下去，你会发现生活可能变成了一个很无聊的循环："你的孩子继续多读书——多拿文凭——多赚钱……"对于真正热爱阅读的人而言，阅读肯定不会如此功利。实际上，如果读过崔利斯在 1982 年版中更富有激情的文字，你就知道这并非他的本意。起初他更强调"大声为孩子读书"的类似阅读广告的价值，就是这种方法能充分展现阅读最诱人、最激动人心的一面。在后续的几个版本中，崔利斯主要通过问答的方式与读者交流，内容相对散漫一些，而且更多要回应美国公众对当下教育状况的关注，其中有些话题对中国读者来说比较陌生。

下面，我尝试将崔利斯在书中提及的一些精彩观点简述如下：

观点1："教孩子读书"意味着"给孩子未来"，父母、祖父母、叔叔、阿姨、保姆等"家庭教师"都负有影响孩子的责任，而学校的老师是孩子"最后的希望"。

观点2：孩子在家里很少看到或听到父亲读书，对养成阅读习惯很不利；尤其是男孩的父亲，更应当在家庭阅读中担负起重要的角色。

观点3：大声为孩子读书是最便宜、最简单、最古老的教学手段，在家里或教室使用都再好不过了。它既简单又有效，甚至不需要高中文凭，你就可以用得得心应手。

观点4：许多学生是懂得如何阅读的。但是这些孩子在学生时代以及长大成人后的行为却告诉我们，由于他们不是很喜欢阅读，因此不经常阅读。我们教孩子"如何"阅读，却忘了教他们"想要"阅读。

观点5：人类是喜欢享乐的。大声为孩子读书就是让孩子把书本、印刷品与愉悦画上等号。如果一个孩子很少体验到阅读的"乐趣"，只遭遇到"无趣"，那他的自然反应就会是回避。

观点6：孩子与书并不是先天互相吸引的。开始时，必须有媒介——父母、亲戚、邻居、老师或图书馆员，将书带入孩子的世界。

观点7：调查显示，在上学前不同收入家庭的孩子听到词汇量的大小和句子的类型有很大差距，这导致了智力发展的巨大差距。而丰富的词汇量主要存在于阅读中。

观点8：孩子可以说是最善于模仿的。从你拿起一本书，并且开始读的那天起，你已经在教孩子读书了。

观点9：当大人读书给孩子听的时候，有3件重要的事同时发生：（1）孩子和书之间产生了一种愉悦的联结关系；（2）家长和孩子同时从书里学到东西；（3）家长把文字以及文字的发音灌输到孩子的耳朵里。

观点10：帮孩子延长集中注意力的时间的最好方法是与他一对一地相处。读故事给孩子听，并留意他们听故事时的反应，可以带来许多好处。

简而言之，崔利斯提供的各种理由主要针对美国家长和老师群体的内在需求，主要目的是把孩子们培养成优秀的学生，从而为教育的发展提供强大的助力。这是很可贵的视角，但并不全面。自《朗读手册》首次出版已过去40年，这个世界也发生了翻天覆地的变化，比如崔利斯当初聚焦的电视文化与阅读"竞争"的问题，渐渐被信息化、多媒体、短视频等新浪潮盖过，数字化阅读也成为新的焦点。晚年选择退休的崔利斯终于决定，将接续更新的接力棒亲自交到一位教育专家兼儿童文学专家手里。

《朗读手册》英文版第8版（2019，暂无中译本）的共同作者辛迪·乔治斯（Cyndi Giorgis）曾做过小学教师、图书馆员，现在大学担任儿童文学教授，并且是多项著名童书大奖的评委或评审主席。她为这本手册增添了一些新的视角。比如她强调大声为孩子读书的有据可查的教育价值——**"扩充词汇、塑造阅读的流畅性、展示富有表现性的阅读、发展理解力以及帮助儿童建立广泛的连接"**，也强调其对个体的成长烙刻的生动记忆。而在新增的第八章"视觉素养与大声为孩子读书"中，她特别强调大声为孩子读图画书（包括无字书）、漫画、图像小说能帮助培养孩子的视觉素养；在新增的第九章"大声为孩子读书的经验的重要性"中，她更是强调其在为孩子们提供新的视野和愿景方面的重要性，并且断言在经历反复的审视之后，"大声为孩子读书是我从不质疑并一直倡导的事情"。

从乔治斯专业且富有热情的讨论中，可以看到崔利斯的倡导在这些年产生的广泛而深刻的影响，也看到各个领域在认识方面的新发展。比如书中多次提到的著名美国图画书艺术家罗斯玛丽·威尔斯（Rosemary Wells）多年来热情倡导的"为你的小兔子朗读吧"（Read to Your Bunny）活动，倡议每天为孩子朗读至少 20 分钟，她甚至专门创作了一本图画书《为你的小兔子朗读吧》（*Read to Your Bunny*），书末给家长的建议写道："为你的小宝贝读书就像往银行里存放金币，将来会获得十倍的回报。"书中也提到另一位著名的澳大利亚童书作家梅·福克斯（Mem Fox）所写的《为孩子朗读——改变孩子一生的阅读秘方》（*Reading Magic：Why Reading Aloud to Our Children Will Change Their Lives Forever*），福克斯强调在这种阅读分享中，**"我们通过思想和心灵与我们的孩子连接在一起，并在与我们分享的书籍相关的秘密社会中紧密结合"**。

2018 年亚马逊家教类畅销书 *The Read-Aloud Family*，书名直译是《朗读家庭》，引进版译作《如何阅读能让孩子受益一生：

从朗读、亲子共读开始培养真正的阅读者》，作者莎拉·麦肯齐（Sarah MacKenzie）也是被《朗读手册》说服的读者之一，她在书中重点讨论了**大声为孩子读书对增进亲密且值得信赖的亲子关系、师生关系所起到的巨大作用。**

2019年的同类畅销书《魔法时刻：在注意力分散的时代大声朗读的神奇力量》（*The Enchanted Hour: The Miraculous Power of Reading Aloud in the Age of Distraction*），作者梅根·考克斯·戈登（Meghan Cox Gurdon）在第一章重点介绍"朗读对儿童大脑的积极作用"，她侧重介绍了脑神经科学家对这个领域的最新研究成果，而实际上，对此问题更系统全面的阐述可以参见玛丽安娜·沃尔夫为《普鲁斯特与乌贼：阅读如何改变我们的思维》所写的续集《升维阅读：数字时代下人类该如何阅读》（*Reader, Come Home: The Reading Brain in a Digital World*）中的第六封信"从亲子阅读到自主阅读——孩子你慢慢来！"。

电子产品的泛滥与纸质阅读受到强烈威胁的状态让越来越多专业人士相当焦虑，《魔法时刻：在注意力分散的时代大声朗读的神奇力量》书中引述的一份2014年美国儿科学会的指导文件颇有代表性，其背景是儿科学会向62000名医生会员提出建议，希望他们能鼓励患儿的父母为孩子读书，文件中写道："经常跟孩子一起阅读，能最大限度地刺激大脑的发育，而且能在儿童发展的关键时期增强亲子关系的纽带，而这又能有助于语言能力、读写能力和社交能力的发展，这三种能力会让人受益终生。"（引自《魔法时刻：在注意力分散的时代大声朗读的神奇力量》，山西人民出版社，2021）

🏃 如何大声为孩子读书？

在美国洛杉矶，有一个"读给孩子听俱乐部"（Reading to Kids）。这是个公益性的俱乐部，1999 年从格雷兹小学开始，逐渐扩展到几所兄弟学校。俱乐部每个月的第二个周六集中在几所学校进行读书活动，活动的内容是大声为孩子们读书，并组织相关的延伸活动。参加活动的孩子的年龄阶段从学龄前至小学五年级，分为六级，大致每 6 ～ 8 个孩子分成一组，每一组由一位老师或成人志愿者担任朗读者。这个俱乐部的活动持续了多年，在 2006 年 12 月的一次活动中，共有 1301 名孩子参加，而志愿者的人数达到了 220 名；而在 2022 年 8 月的活动中，有 182 个志愿者小组开展了活动，参与的学校共有 8 所，他们筹集到的专门用于阅读活动的书籍已有 26000 多册。

这么多志愿者如何产生且如何培训呢？这是让我最为好奇的一个问题。原来，大多数志愿者是通过电话或电子邮件报名的（也可以随时退出），基本要求不高，只要"年满 18 周岁，无触犯教育条例的不良记录"即可。在为孩子们读书之前，他们也不用另找时间专门培训，只需在活动的当天提前一个小时到场，由俱乐部的老师培训大约半个小时即可"上岗"。访问这个俱乐部的网站（readingtokids.org）即可获得大量的指导信息，志愿者在参加活动之前也可以自行学习。

为孩子大声读书，原来可以如此容易！

在我国台湾地区，有一个"小大读书会"，由著名的绘本专家林真美发起，推行了 20 余年，目前台湾地区已经发展了近 20 个，并持续影响至马来西亚。这个读书会的组织与活动形式很简单，通常由数个家庭共同组成，小孩、大人齐聚一堂。读书会以图画书为主要共读图书，大人拿起书来读，只需传递绘本的内容即可，让孩子专心聆听故事、欣赏书里的图画。

在中国大陆，由组织机构定期组织大声为孩子们读书的活动大概始于 2004 年，成立于北京的蒲蒲兰公司每周一次在首都图书馆用图画书开展公益故事会活动，到 2005 年该活动转移到其创立的蒲蒲兰绘本馆书店。但首都图书馆渐渐形成了定期为小读者朗读的"红红姐姐讲故事"时间。2006 年，首都图书馆与红泥巴读书俱乐部共同发起"播撒幸福的种子"儿童阅读推广计划，主要内容是开办"种子故事人研习班"，培养种子故事人，到各地图书馆、阅览室、社区、学校和绘本馆去为孩子们说故事。我有幸成为这个推广计划的发起人、培训课程设计人兼讲师之一，帮助将这个培训活动延续至今。目前，类似的说故事培训活动已遍及全国各地，而由地方图书馆主持的说故事志愿者培训，至少还有深圳与温州。

与上述有组织的阅读活动相比，为自己的孩子大声读书要更为容易。不过要真正做起来，一定会遇到大量细节性的问题。崔利斯在《朗读手册》中提供了大量"朗读要领"（Dos）和"朗读禁忌"（Don' ts），颇为全面具体。更为特别的是，其内容会根据读者的问题和实践的需要不断更新，最新的版本发布在其官方网站 [1]，并且允许非商业性的转载使用。

受《朗读手册》的启发，我从 2002 年开始也一直以各种方式致力于推广"大声为孩子读书"的方法。应《父母必读》杂

---

[1] 作者注：崔利斯官方网站 www.trelease-on-reading.com。

志的邀请，我在 2004 年为家庭亲子阅读活动设计的"亲子阅读十八招"在互联网上被广为传播；后来为前述"播撒幸福的种子"儿童阅读推广计划种子故事人培训活动设计的"故事人讲述十要点与三大成功秘诀"也沿用至今。在多年的家长、故事人与教师的故事讲述培训中，这些方法要点也还在不断研究与发展，比如就图画书来说，还有专门的"图画书玩法十字诀"——唱、念、说、做、画、演、吃、破、聊、想。

"亲子阅读十八招""故事讲述十要点与三大成功秘诀"具体内容如下：

亲子阅读十八招

第一招：选择大人自己喜欢的书

第二招：为孩子大声读

第三招：边读边玩

第四招：在大声读中请孩子来参与

第五招：阅图漫步

第六招：表演性的大声读

第七招：重视孩子的提问

第八招：聊聊书里的趣事

第九招：鼓励孩子的积极反应

第十招：鼓励孩子自主阅读

第十一招：阅读成长记录

第十二招：延伸阅读

第十三招：同龄孩子的阅读交流

第十四招：随时随地读书

第十五招：充分利用公共资源

第十六招：书香满家园

第十七招：橱窗原理

第十八招：阅读不只是"女人的事情"

第N+1招：爱上童书，无招胜有招

故事人讲述十要点与三大成功秘诀[1]

★十要点：

1. 自我介绍

2. 恰当引入

3. 要抬头

4. 慢慢读

5. 手持书（即使有PPT）

6. 画面对读者

7. 有互动（少提问）

8. 稳定、平和、自然

9. 声情恰当

10. 收尾简洁（请鼓掌）

★三大成功秘诀：

第一是**选书**——选自己发自内心喜欢的好书；

第二是**选书**——选适合听众的能打动他们的好书；

第三还是**选书！**——根据当时故事的场合选择契合的书。

---

[1] 编者注：参见本书第八章相关论述。

为孩子大声读书，作为一种特殊的阅读形式，应当特别留意它与传统概念中的阅读的差异性。

　　在传统概念中，阅读通常被认为是读者直接与读物之间、读者与自己的互动历程（如图2-1所示）。根据洪材章等主编的《阅读学》（广东教育出版社，1992）中的定义，"阅读就是人们透过视觉器官接受符号所标记的意义过程：这一过程的目的，就是交流思想、沟通情况"。高瑞卿主编的《阅读学概论》（吉林教育出版社，1987）认为："阅读，实际上是自己独立读书。"而根据《中国大百科全书·教育》卷的定义，"阅读是一种从印的或写的语言符号中获得意义的心理过程"。实际上，这几种概念都是把阅读限定于个体的生理与心理过程（主要是心理过程）。曾祥芹主编的《阅读学新论》（语文出版社，1999）进行了一定的扩展，认为阅读是"因文得义的心理过程"，也是"缘文会友的交往过程""书面文化的消费过程""人类素质的生产过程"。这一概念拓展到社会学层面，注意到阅读行为的非个体化现象，但在这方面没有更深入的讨论。比方说，在促进阅读能力提高的训练方法中仍然只从个体的心理层面入手。

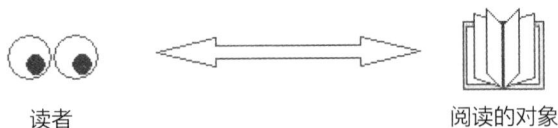

读者　　　　　　　　　　　　　　　阅读的对象

图 2-1　传统概念中的阅读

　　在"为孩子大声读书"的阅读方式中，大声读的读者介入其中，作用重大同时关系微妙（如图2-2所示）。

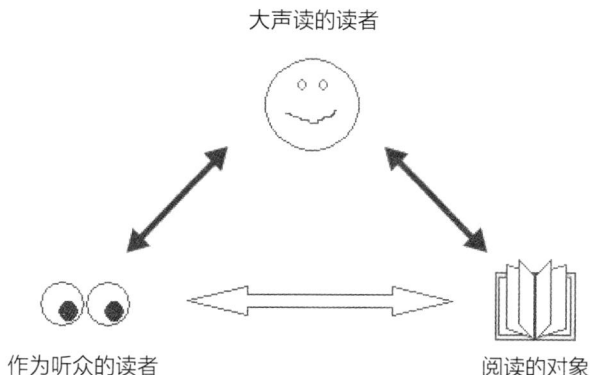

图 2-2　大声为孩子读书的原理示意

我们来看看这个示意图中三者之间的关系：

（1）阅读的对象：先限定为印刷品，如图书、报纸、杂志，最常见的形式是图画书（又称"绘本"），内容同时包含有文字与图画。通常大声读的读者侧重于看书中的文字，并且读出声音来；作为听众的读者侧重于看书中的图画。阅读对象的文字与图画，很可能各自包含着丰富的信息，两者之间构成复杂而微妙的关系。

（2）大声读的读者：通常是大人，虽然在朗读，但往往不是这个阅读活动的目标读者；他在为听众朗读，因此同时在与听众进行交流，主要通过语言，但也常常通过身体接触、面部表情、姿势、手势、眼神等非语言传播方式进行交流；他对于阅读对象的理解深度、喜爱程度，所使用的语言或非语言方式的适合度，都将影响作为听众的读者与阅读对象之间的互动效果。

（3）作为听众的读者：通常是孩子，一个或多个，这是真正的目标读者，进行整个阅读活动的目的是让这个读者从阅读对象中"获得意义";他可能看书，也可能不看；如果是图画书，他很可能只看着书中的图画，试图从图画中寻找意义；同时他听着朗读者的声音，从声音中获得意义，结合自己从书中直接获得的意义，构建更为完整的意义；他也在与朗读者交流，他对朗读者的信赖程度和在交流过程中两者关系的进一步发展，都将影响到他与阅读对象之间的互动效果。

除了以上三方面的因素，这样的阅读活动所处的场合与环境同样能对阅读效果产生很大的影响。

在我女儿4岁那年的春天，我们一家去杭州春游。女儿非常喜欢西湖边的雷峰塔，还有我在塔上给她讲的《白蛇传》的故事。于是我为她买了一套颜梅华、颜志强画的宣纸线装本的《白蛇传连环画收藏本》，那是一套繁体版的书，大约有五六千字，文字很美，插图也很棒，特别是画中的西湖景色，与眼前的风景可谓形神皆似。女儿非常喜欢它，一路上无论在哪里歇脚，都要我或她妈妈读给她听。女儿请我们读了一遍又一遍，读到10遍左右，她很得意地从头到尾为我们背了一遍，一字也不差！而书中的文字她几乎都不认识！

这听起来好像是个奇迹，实在令人震惊。极少有成年读者具备这样的能力，但对于多数2～5岁的孩子来说，很可能并不困难。日本出版家松居直在《我的图画书论》（湖南少年儿童出版社，1997）中，把这种能力称为"吃语言"的能力，就是把听到的语言完全变成自己的东西。他甚至发现，早在2000年以前，古代以色列的诗人就有过描述"吃语言"的诗句。

凡是亲身经历过"为孩子大声读书"体验的大人，都应该能理解，这种活动不但的的确确是阅读活动，而且是非常有效的阅读活动，儿童读者即使完全不识字，也能从阅读对象中完整地"获得意义"，既从"语言符号"中也从"图像符号"中获取，而获取的效率甚至高于为他们读书的大人。儿童更大的收获，是在这种活动中爱上了阅读。正如松居直所言，儿童"靠耳朵"而喜欢上书。

传统的阅读概念只强调了阅读对象的书写价值，而"为孩子大声读书"的阅读方式更强调言语的价值。在邓斯（P. B. Denes）与平森（E. N. Pinson）合著的《言语链：说和听的科学》（*The Speech Chain : The Physics and Biology of Spoken Language*，中国社会科学出版社，1983）一书中，他们断言："我们还可以进一步来论证：言语对文明的发展比书写具有更基本的影响。因为许多人类社会集团在没有书写系统的情况下也能发展和繁荣。因此，我们认为，没有言语，也就没有文明。"

我们需要了解，为孩子大声读书是一个综合性的交流过程：首先是大声读的读者（说话人）与阅读对象的交流，然后以大声读的方式转化为言语，通过声音传递给作为听众的读者（听话人），后者感知言语的意义，前者同时通过听觉而获取反馈，根据反馈再不断自我调整……了解这一过程的复杂性，可以帮助我们认识到为孩子大声读书的活动是怎样的意义重大。每一位正常发育的儿童都天生具备"听"的能力，但"倾听"的能力却是后天培养的。所谓"倾听"，是要把注意力集中于对方，并从对方的言语中获取意义，包括表面的意义和背后的意义。孩子在听的过程中，把言语音波重新转换为有意义的语言信息的感知能力，是在不断的训练中逐渐培养而成的。而最佳的训练方法就是坚持为孩子大声读书。

这样的阅读活动，越早开始越好。只要大人充满热情和信心，只要大人能充分考虑到孩子的成长特性，具体的读法倒也不必强求规范，阅读本来就是相当个性化的事情。

📕 什么书适合为孩子大声读？

并不是所有优秀的童书都适合为孩子大声读，即使是那些经典的或是获得大奖的作品也未必适合。它们之所以能成为经典或是获得大奖，主要是因为写得好，并不是因为适合读给孩子听。并不是每位作家在创作时都在想着，自己的作品将来是要为孩子大声读的。

在英文世界中，Read-Aloud 同时可作为名词来用，专指"适合为孩子大声读的书"。崔利斯极为推崇英国作家罗尔德·达尔，认为很难找到一位作家在这个领域能与其相媲美：写出最适合为孩子大声读的书。而在达尔的作品中，他最为推崇的 Read-Aloud 是《詹姆斯与大仙桃》（*James and the Giant Peach*）。

如果你感兴趣的话，可以找一本中文版的《詹姆斯与大仙桃》来读一读，虽然无法领略原汁原味的英文，但同样可以体会它特有的叙事结构与风格。故事一开始，作者就以带有邀请的口吻让我们了解到主人公的身世：小男孩詹姆斯父母双亡，由两位狠毒的姨妈抚养，处境艰难。开头的节奏很快，故事里的人物性格特征显著，描写的文字带有强烈的调侃色彩。然后，神奇的事情发生了，而且是一点一点地发生，从带有暗示色彩的神秘事件开始，一环接一环，渐渐喧闹起来，直到终于一发而不可收拾……当这位三度获得世界推理小说界最高奖爱伦·坡奖（Edgar Allan Poe Awards）的作家在为孩子讲故事的时候，按捺不住讲述推理、侦探小说的才华，决计要把小读者的注意力牢牢吸引住。但非常值得留意的是，他把整部小说大致均匀地分割成若干章节，每个章节的结尾都留下一点悬念。这样当你为孩子大声读这本书的时候，可以很自然地在某个章节处暂停下来，而第二天又会在孩子的催促下毫不费力地继续读下去。如果每天读2～4个章节（大约15～30分钟），连续读完大约需要1～2周，而在这一两个星期里，孩子每天就像盼着过节一样期待着。

《詹姆斯与大仙桃》来源于达尔为两个女儿讲述的睡前故事，在此之前他主要为成年人创作推理、探险小说。从这本书开始，他的创作完全转向了，只为孩子们写故事。达尔最为成功的儿童小说当属《女巫》（*The Witches*，明天出版社，2019），这本书的中文版由任溶溶老先生翻译，译笔幽默、传神。我们来读读第一章中的两段话：

　　她（女巫）甚至可能正是——你听了真会猛跳起来——这会儿在读这些话给你听的老师。请你仔细看看这位老师。她读到这句荒唐的话时也许还对你微笑呢。别让她的这副样子蒙骗了你。这可能是她的狡猾手法之一。

　　当然，我丝毫不是说你的老师真是一个女巫。我只是说她可能是一个女巫。百分之九十九点九九九不会。但是——这是极重要的"但是"——也并非绝对不可能。

在写这个故事时，达尔已经 67 岁了，创作风格可谓老而弥辣。他似乎已经预见到这部杰作将被无数小学老师（当然主要是女老师）读给孩子们听，于是在这里和老师们开了个玩笑。

为什么达尔如此热衷于创作适合为孩子们朗读的作品？崔利斯在《朗读手册Ⅱ》中讲述了一段达尔的童年往事。

据说不少著名的作家在校读书的生涯都不是很愉快，但很少有比达尔更不愉快的。童年时代的达尔是在英国一所管理十分严格的寄宿学校上的小学，他的成绩平平，作文成绩通常只有 C（勉强及格）。他极其厌恶那所学校，甚至通过伪装得了阑尾炎来逃避上学；学校里的老师也不喜欢他，对他的基本评语是"能力低下"和"没有创意"。没有人相信这样的孩子会有什么光明的前途。但也许是上苍的安排，达尔的学校生活出现了一线光明。

奥克诺尔太太走进了达尔的学校。因为周末教师要出去散心，所以就雇请了这位奥克诺尔太太来照看孩子们，时间是每个周六上午的两个半小时。这位奥克诺尔太太看来完全不知道应该如何"照看"孩子，她只是特别喜爱英语文学，于是每次来的时候，她都拿来一本书大声读给孩子们听。她对书的热爱深深地感染了达尔，他的每个星期只有在这两个半小时才有一线光明。一年之后，达尔变成了一个贪得无厌的小书虫。

后来，对学校心怀厌倦的达尔刚刚高中毕业就匆忙踏入了社会，但这并不妨碍他最终成为 20 世纪顶级的推理小说家和最受孩子们欢迎的儿童文学作家之一。他的创作倾向与创作风格，很有可能深受童年经历的影响。

在《朗读手册》1982 年的英文版中，崔利斯曾尝试总结适合为孩子大声读的作品的品质特点，大致有如下四点：

1. 情节发展的节奏快；

2. 人物形象鲜明、丰满；

3. 对话明快、易读；

4. 大段描写极少，特别是开头。

在《朗读手册》最近的两个版本中，他分门别类进行讨论，大致分为无字书、可预测情节发展的书、参考书、图画书、中短篇小说、长篇小说、诗歌、选集、童话及民间故事九类书，主要在第三章"朗读的不同阶段"进行讨论。在附录中推荐了近 2000 本适合为孩子大声读的书。虽然近年来这个书目中的作品越来越多地引入中国，但由于译本或文化差异等原因未必同样适合中国的孩子。

在中文世界里，哪些书适合为孩子大声读？这是一个向来很少被人重视的课题。我们需要一边研究，一边在实践中摸索前行。

以目前大多数读者可以接触到的图书版本而言，市面上绝大多数优秀的图画书都是很好的素材，因为图画书非常依赖图画的视觉表现力，即使是翻译引进的作品，文化上的隔阂也不太明显。

相对而言，纯文字作品的推荐就比较困难了。比方说，童谣、童诗本来应该是最适合为孩子大声读的素材，但目前有两个问题难以解决：一是作品本身在创作上良莠不齐，编选成集时常常优劣杂陈；二是图书的版本很不稳定，市场销售状况平平，所以即使推荐，读者也常常无处可寻。而原创的童话和儿童小说，大多数创作者很少自觉地考虑作品"是否适合为孩子大声读"，家长和老师也很少进行这样的"测试"，所以即使有适合的作品也常常被埋没在书海中。因此，在中文世界中准备足够多适合为孩子大声读的书，可谓任重道远。

在国内儿童文学界，具有强烈自觉意识创作此类作品的作家，当首推孙幼军。以他在 1961 年创作的处女作《小布头奇遇记》为例，开头是这样的：

有那么一个小布头……
小布头？小布头是什么哪？
小布头，嗯——他是一个很小很小的布娃娃。

这是一种带有很强的口语色彩的对话方式，如果与《木偶奇遇记》的开头进行比较，不难看出模仿学习的痕迹。难能可贵的是，虽然也曾有人多少带有讥讽的意味称之为"口头文学"，但孙幼军一直坚持这样的创作风格，他坚定地认为，自己创作的童话应该主要是大人为孩子读的作品。30 多年后，当年过花甲的他创作《小猪唏哩呼噜》时，更是将这一风格发挥得淋漓尽致：

要讲唏哩呼噜，就得先讲唏哩呼噜的爸爸和妈妈。

唏哩呼噜的爸爸是一头猪。他娶的太太嘛，真巧，也是一头猪。有一天，这位猪太太给猪先生生了一大窝孩子。猪先生快活极了，他说：

　　"哈，这回我就是爸爸啦！"

　　如果你曾经为一群孩子大声读过这本书，就会知道这是怎样一个激动人心的经历！近来的研究者徐敏珍是这样评价的："他的童话都保持了一种'唠嗑'的架势，看他的故事，就像听北京人拉家常一样，极其自然流畅地娓娓道来。在语言方面，他把儿童口语融入童话，并与北京地方语言融合，使得他的作品具有明快朴实、轻松活泼的特点。"（引自王泉根主编《中国新时期儿童文学研究》，河北少年儿童出版社，2004）

持续默读

🕮 什么是持续默读？

帕特丽夏·曼西（Patricia Muncy）是美国俄亥俄州一位有 16 年教龄的中小学教师，因对阅读教学的专门研究和特殊贡献，长期担任阅读教学监察员，并在阿什兰大学担任兼职教授。她写了一些指导中小学校阅读实践的书，其中最著名的一本是 1995 年出版的《为书痴迷！——让孩子们爱上阅读的活动和设计方案》（*Hooked on Books! : Activities and Projects That Make Kids Love to Read*）。在这本书中，她为老师们设计了 160 种活动方案，但她强调："为确保学生们热爱图书和阅读，有两种方法最为有效：每天为学生大声读书；每天安排时间让学生独立阅读普通图书（非课本或练习册）。"这后一种方法就是持续默读的简单说法。她在另一处还特别强调："如果你希望把你的学生培养成终身热爱阅读的读者，那么每日安排时间进行持续默读（SSR）是在学校课程计划中绝对必要的事情。"

持续默读的方法源自英美的阅读教学，它至少有这样几种表述形式：

·DEAR：（Drop Everything and Read）抛开一切，专心阅读。

·USSR：（Uninterrupted Sustained Silent Reading）不受干扰的持续默读。

·SQUIRT：（Sustained Quiet Uninterrupted Independent Reading Time）持续的安静的不受干扰的独立阅读时间。

英国儿童文学家兼阅读研究者艾登·钱伯斯（Aidan Chambers）简称之为"阅读时间（Reading Time）"，美国研究者斯蒂芬·克拉生博士则喜欢称之为"自由的自愿的阅读"或"自由自主阅读"（Free Voluntary Reading），但最为通用的称谓还是"持续默读"（Sustained Silent Reading，SSR）。持续默读的中文译名源自我国台湾地区。

根据崔利斯的介绍，持续默读（SSR）的概念最早是在20世纪60年代由佛蒙特大学的小莱曼·C.亨特（Lyman C. Hunt Jr）提出，后来由两位阅读专家罗伯特（Robert）和马林·麦克瑞肯（Marlene McCracken）发扬光大。麦克瑞肯夫妇研究了各种技巧并经学校实验验证后，推荐以下的SSR教学计划（根据《朗读手册》的内容整理）：

· 孩子独立阅读的时间必须限定在相对固定的时间段内。老师与父母应根据班级和家庭环境的不同调整时间，以增加孩子的熟练程度。在教室内阅读的时间通常是10分钟或15分钟。

· 每个学生应自行挑选要看的图书、杂志或报纸，在阅读期间不得变换读物。所有读物须在SSR时间开始前选好。

· 教师与父母也要陪同阅读，以身作则。这一点再怎么强调也不为过。

· 不要求学生写读书报告，也不作任何分数记录。

语言学家克拉生博士是持续默读最热诚的倡导者之一，他不但在《阅读的力量》中重点推荐这种阅读方法，还在2011

年写了一本汇集持续默读研究成果的专著《自由自主阅读》（*Free Voluntary Reading*）。因为前期研究主要集中于英文学习的成效，所以后来他也尝试与来自其他语种的学生合作研究应用到非英语学习中的效果。在我的极力推荐下，他应陈一心家族慈善基金会的邀请多次参与了合肥地区"石头汤悦读校园联盟"的活动，并以此为主要调研对象，与两位女弟子李思颖、刘英合著了《自主阅读》（新疆青少年出版社，2020），基本结论是持续默读应用于中文学习也同样卓有成效。关于持续默读，该书的表述如下：

持续默读（sustained silent reading, SSR），指的是每天留出一小段时间（通常是 10～15 分钟），让学生在学校读任何他们想看的读物。读物完全由学生自主选择，而且这样的阅读几乎没有任何附加条件。也就是说，老师不会测验阅读内容，学生也不用交什么读书心得、读书报告或内容介绍。

🕱 持续默读的原理

初次接触到持续默读概念的成年读者常常会不以为然，认为这种方法显得过于"简单"。比如前述"石头汤悦读校园联盟"2011—2012 年间校园示范活动中，在合肥屯溪路小学展示的绝大多数阅读活动都引起了观摩者浓厚的兴趣，但到了全校性的持续默读环节，观摩者纷纷散去，似乎完全不感兴趣。的确，做如此简单的事情，与"培养终身热爱阅读的读者"这样的大目标似乎相距太远。一方面，这样的方法对孩子的约束和要求太少，似乎过于自由散漫，如何才能产生效果？又如何验证呢？另一方面，对大人的要求却有一定的限制性，要求相对固定的时间、活动长度大约 10～15 分钟，而且还要陪同阅读，甚至不能追问孩子的阅读状况！不要说家长，许多老师都认为自己做不到，而最常见的理由就是"没有时间"。

（一）关于持续默读的重要性

在钱伯斯的专著《给孩子们介绍书》（*Introducing Books to Children*）中有两句经常被人们引用的著名论断："读者是打造的，不是天生的。""做一个读者意味着自己阅读。任何一种阅读都需要时间。"钱伯斯很坚定地相信，孩子成为好的读者完全是后天培养的结果，而最好的培养方法就是要给孩子充分的时间去阅读，而且是自己读书。换句话说，成为好读者的必要条件就是要有充裕的独立阅读时间。

因此，钱伯斯认为，在儿童的阅读环境中，阅读时间（也就是持续默读的时间）是第一位的要素，精良的图书储备和大声为孩子读书是第二位的要素，再其次就是阅读反应。虽然大声为孩子读书有其独特的价值，但在多大程度上能帮助孩子独立阅读，值得怀疑。显然在这个问题上，他与崔利斯是有分歧的，崔利斯虽然认为持续默读是大声为孩子读书的"最佳拍档"，但在重要性上却放在了第二位。之所以出现这样的分歧，很有可能与各自不同的童年阅读经历有关，在下一章将专门介绍。

不过"没有时间"，在国内倒真是个很现实的问题。虽然基础教育几经"改革"，但在应试教育的压力下，学生的课业仍然繁重，学校里的常规课程普遍安排得密不透风，放学后许多家长还为孩子安排了各种"课外班"，如此状态，当然可能"没有时间"。尽管如此，从来也没人抱怨过孩子"没有时间"吃饭睡觉。原因很简单，最重要的事情总是会"有时间"的，"没有时间"的只是那些相对不太重要的事情，比如说"阅读"。人们还习惯把孩子读非课本和练习册的事情称为"课外阅读"，认为多少有些不务正业之嫌，可见多么的不重要！

有个名叫詹姆斯·亨顿（James Herndon）的美国人写了一本名叫《在你的祖国如何幸存下来》（*How To Survive in Your Native Land*）的书，他在书中极尽调侃地写道："多亏了各种考试，各种'方法'，还有课程安排，还多亏了老师一定要教出点什么的决心……在学校里几乎没有人能有余暇来读那些'该死'的书。他们总是在练习如何阅读，而练习是如此多余、如此困难、如此枯燥乏味，以至于你不得不以为大概阅读本身也是这样的，于是你开始拒绝或者畏惧。"这个调侃倒似乎是为我们度身定做的。

"没有时间"，从来只是借口。只要你认为把孩子培养成自觉的、独立的、热诚的终身阅读者是一件非常重要的事情，时间总是能挤出来的。

（二）关于持续默读的仪式化倾向

持续默读（SSR）与为孩子大声读书（Read-Aloud），都有一种有趣的倾向：在外人看来就像一种仪式。它们通常选择在每天一个固定的时间举行，比如说在学校的午饭后或在家的睡前；参加的人员也是大致固定的；每次活动的基本环节、活动的时间也基本一致。这不是仪式又是什么？更有甚者，阅读专家还常常提出更多的建议，强化这种仪式感。

曼西在她的书中就设计了一些用于强化的方案。比方说，她建议在阅读时间挂个告示牌到教室门口，上书"请勿打扰 学生正在阅读"（如图 3-1 所示）。

图 3-1　阅读时间的告示

她还建议用各种与书相关的图画或装饰物来装点阅读环境，制作各种书卡甚至文化衫，还有可以不断加长的"书虫"卡片（如图 3-2 所示），每读完一本书就增加一个卡片，在卡片上写书名和读者的名字。"书虫"悬挂在教室墙上，激励孩子们努力"喂饱"它，一直延长下去，最好能伸到校长室去。

图 3-2　长颈鹿式的"书虫"

1978 年，持续默读的倡导者麦克瑞肯说服了马萨诸塞州亨廷顿的盖特威区中学，在每周一和周五早晨进行持续默读，时长 25 分钟。在这期间，整个学校（包括校长、行政人员、老师，当然还有学生）都必须把"工作"放在一边，所有人都得拿起什么读一读，每个人都可以自由选择自己的读物。开始，他们只是想让孩子们享受一下，可后来它变成了学校最受欢迎的活动，每个星期大家都在盼着 SSR 时间的到来。在这 25 分钟里，没有任何工作，老师们连电话都不接！

为何将阅读活动仪式化，反而能大大激发参与者的热情呢？钱伯斯解释道："就像在宗教仪式上，神圣不可侵犯的时刻会平复我们的意识。"要知道，钱伯斯本人就曾经是一位牧师！

人本来就是一种仪式的动物。特定的仪式，营造着特定的氛围，或者可称之为一种"场"。个人在来自环境和他人的压力下，激发出更强的驱动力和更大的潜能。虽然许多大人已经不再觉察，但孩子们更热衷于仪式。那部经典的童话《小王子》就道出了其中的秘密。当小王子遇到狐狸，狐狸请他"驯服"自己，并教他要在每天固定的时间来——

"最好还是在原来的那个时间来。"狐狸说道，"比如说，你下午四点钟来，那么从三点钟起，我就开始感到幸福。时间越临近，我就越感到幸福。到了四点钟的时候，我就会坐立不安；我就会发现幸福的代价。但是，如果你随便什么时候来，我就不知道在什么时候该准备好我的心情……应当有一定的仪式。"

"仪式是什么？"小王子问道。

"这也是一种早已被人忘却了的事。"狐狸说，"它就是使某一天与其他日子不同，使某一时刻与其他时刻不同……"

（三）关于持续默读的社会化倾向

持续默读的另一大法宝，就是将孩子们的阅读变成一种显明的社会活动，在活动过程中充分运用社会化学习的原理。虽然越来越多的阅读研究者确信，阅读终究是一个社会现象，但在阅读教育中却未必关注社会化手段的运用。

崔利斯在《朗读手册》中提供了两个特殊教育的案例。其中一个是美国俄亥俄州的玛莎·艾孚塔（Martha Efta）在智力障碍学生中运用持续默读。这位女教师面对一群7至10岁不等的智力障碍学生，她最初接触到持续默读，只是想尝试一下，毕竟还没人把这种方法运用到特殊教育中。她试着给学生们解释，根据他们的状况适当调整了规则，时间最初只有3分钟。但后来时间不断延长，一直延续到13分钟。艾孚塔终于成功了，她说："从开始进行SSR起，学生们就表现出某些令人兴奋的行为变化，比如独立自主做决定，自我约束，与人分享……阅读兴趣也随之提高。每天午休后，孩子们都兴致勃勃地忙着挑选当天要阅读的书，这显示出他们对SSR的兴趣与热心。孩子们似乎很喜欢能像大人一样挑选自己的读物。"

社会学习理论认为，"人的一切社会行为都是在社会环境影响下，通过对示范行为的观察学习（observational learning）而得以形成、提高或加以改变的"（引自章志光编著《社会心理学》，人民教育出版社，2008）。这个原理用在儿童的学习问题上再恰当不过。儿童最擅长模仿，也主要是从模仿中学习社会行为和言谈。在艾孚塔的教学案例中，智力障碍的孩子虽然在言语交流上存在着很大的障碍，但天生的模仿本能还是帮助他们在阅读上获得了飞跃性的成功。在持续默读的过程中，专心于阅读的老师和部分学生，为其他能力较弱的学生提供了很好的榜样。在这个精心营造的阅读环境中，阅读行为不是通过强制的方法推动的，而是一种暗示的力量，也就是我们常说的"耳濡目染""潜移默化"。

所以，在持续默读的方案中，老师和家长被要求"陪同阅读，以身作则"，作用非常重大。他们是孩子的榜样。

（四）关于持续默读的愉悦倾向

持续默读方案中的愉悦倾向主要体现在两方面：

第一，孩子们可以自由选择读物，可以是图书，也可以是报纸、杂志，而且读物除了要求不是课本或练习册外几乎没有限制，即使孩子选择不太严肃的漫画或系列读物（常有人称之为"垃圾读物"），大人也应该尽可能少干预。

第二，不对阅读成效做任何要求：不写读书报告，不计分数，不用回答问题，甚至也不检查孩子是否读懂了字、词、句。简而言之，只要读了就行，孩子没有任何负担。当然，如果事后孩子们希望交流或进行一些相关的娱乐活动，倒是应该支持的。

这么来做，阅读岂不是成了娱乐活动？是的，这正是持续默读的本意。

《欢欣岁月》（*The Unreluctant Years*）的作者李利安·H.史密斯（Lillian H. Smith）曾调侃地说：孩子是一群厚颜的读者。

这么说虽然有点儿难听，却也十分精妙。儿童对阅读甚少成年人的功利倾向，他们只读得进去真正感兴趣的书。在儿童看来无趣的书，无论大人如何宣讲其价值，或是强行摆在其面前、灌入其耳中，终究是徒然，无法进入他们的内心世界。基于这个显而易见的事实，儿童教育者总是在努力寻找着"寓教于乐"的方法。把阅读教育变成娱乐活动，理所当然。

佩里·诺德曼教授从另一个角度提供了思路，在《儿童文学的乐趣》（少年儿童出版社，2008）第三章"儿童文学的教导"中，他列举了8种热诚的读者不愿意去做的事情，简单归纳如下：

1. 热诚的读者不愿意因为别人说非读不可而去读书，他们要自己选择读什么和什么时候读；

2. 只要热诚的读者享受在阅读中，他们才不会多留意作品中的文字是如何构成的，或是担心自己是否读得精确；

3. 热诚的读者不会因为要和别人比试阅读量或者为了获奖而去读书，他们在享受阅读的过程中已经获得了"奖赏"；

4. 热诚的读者不会对读物的每一个细节都一视同仁地关注，他们的关注兴趣是有选择的；

5. 热诚的读者极少会因为别人的强烈要求而坚持去读他们讨厌的或者觉得无趣的书，除非还有别的原因（比如为了寻找谈资）；

6. 热诚的读者不会毫无保留地接受书本的信息，他们倾向于从阅读中获得思考的线索，而非获取结论；

7. 热诚的读者不会鹦鹉学舌般地模仿别人（尤其是高高在上的权威）对书的评价与诠释，以图"理解正确"；

8. 热诚的读者不愿意跟着书后的活动提示，去做那些与书本身没有多大关系的事情。

诺德曼非常遗憾地指出，在学校里许多老师经常要求孩子们去做上述事情。这样的话，又怎能把孩子们培养成热诚的读者呢？他提醒大人，要充分尊重孩子们在阅读中任何真实的反应，不要把错误的预期强加给他们。所谓"己所不欲，勿施于人"，大概就是这个道理吧。

不过，持续默读的倡导者们并不是没有留意到另一个事实，就是现在的孩子们在自主阅读时，往往会优先选择许多大人眼中的"垃圾读物"，这种现象如何应对呢？

对此，美国克拉生博士持非常乐观的态度，他在《阅读的力量》一书中用 15 页来专门讨论孩子阅读漫画读物的问题。通过广泛的调查分析后，他得出结论：**大量阅读漫画读物对于孩子的阅读没有害处，反而对于提升阅读兴趣、扩大知识面和词汇量都很有帮助，而且还可能引向深层次的阅读。**

诺德曼与钱伯斯在这个问题上观点很相似，态度相对平和。他们认为，阅读优秀文学作品的乐趣是可以教授给孩子的，而且也需要去教。钱伯斯在《给孩子们介绍书》中用完整的第九章来专门讨论这一问题，他认为，孩子阅读"垃圾读物"是一种正常的成长现象，是人人必经的阶段，不足为怪。但是，要想让孩子们成为有思想的热诚的读者，大人不应坐观其变，而应主动承担责任，把获取乐趣的方法教给孩子。

（五）关于持续默读的务实倾向

前面已经提到，持续默读的方案源于教学的实践。虽然后来的研究者可以找到深层的理论依据去支持这种做法，但它从一开始便是非常务实的。从这个角度，我们可以更好地理解它的"简单"。

比方说，阅读时间一般建议在 10～15 分钟，当然要刨去准备和安顿的时间。为什么不建议 40 分钟呢？我想主要的原因就是不大现实，在学校里这很可能会挤占既定的教学时间，即使偶尔为之也很难坚持下去。而在实践中的应用结果是，一旦老师们真的下定决心开展了持续默读，他们往往会被孩子们的热情所激发，时间经常被有意无意地延长了。而且孩子如果在活动的时间内没有过足瘾，过后一有机会就会自己主动去读，这也正是我们所期待的。

克拉生博士在面对教师的演讲中，会建议教师们拿出正常上课的 10 分钟来开展持续默读活动，这一建议也非常务实，他还开玩笑说，教师在这每日的 10 分钟里只需看自己喜欢的书，可以把这当作"带薪度假"。

另外，持续默读虽然也适用于家庭，但通常会重点推荐在学校应用。英国研究者约翰·沃纳（John Werner）曾告诫："这样的阅读不能安排在学生的空闲时间。在许多学生的家庭中，严肃的阅读根本不是日常生活的一部分。电视……凭借自身的优势，已经成功消除了培养严肃阅读习惯的冲动，严肃阅读早已不再是一种被普遍接受的社交模式。"[引自《英语教学实践》

（*The Practice of English Teaching*），1970] 50 多年后的今天，情况恐怕更加不容乐观。

持续默读在活动方案的设计上力求简单，而且允许有很大的弹性，实施者可以根据环境和对象的具体情况灵活调整规则。实施本身并不困难，最难的是要持之以恒。

（六）持续默读的成败关键

如果决定实施的老师和家长不能理解前述的几点基本原理，持续默读也很容易失败。据《朗读手册》援引的麦克瑞肯夫妇的研究，导致 SSR 失败的最主要的原因有两种：

第一，老师（或助教）只监督学生，而没有一起阅读；
第二，教室内缺乏足够的 SSR 读物。

持续默读在国内应用，面临的问题更多一些。比方说对阅读时间的认识不足，有些学校选择每周安排一个下午的一到两节课时间给学生默读，让孩子们自己带书到学校去读。这样的安排虽然也会有一定的效果，但由于间距太长，孩子未必能将阅读转化为日常的行为。而每一次的时间太长，很容易导致失控或流于形式。另外，目前中小学老师的儿童文学基础普遍薄弱，老师一方面对于读物的推荐能力不强，另一方面又常常对孩子的自由选书横加干涉，这样很可能会将本该带有愉悦色彩的阅读活动又变成孩子的一项新任务。

所以，导致 SSR 失败的主要原因还应该加上两种：

第三，阅读时间的安排不够合理；
第四，大人对于孩子的选书干预太多。

关于选书的问题，约翰·沃纳也有一段精彩的总结，他认为孩子必须学会用自己的眼光来辨别。如果允许学生接受或拒绝，他会很快自己学会用更高的标准选择读物；如果他的老师总试图告诉他什么是好的、什么是坏的，效果反而不佳。

▶ 持续默读的应用

持续默读在英美的广泛应用，从《朗读手册》《打造儿童阅读环境》（*The Reading Environment*）等书中我们可窥其一斑。崔利斯更是首推克拉生的《阅读的力量》："克拉生综合他过去 20 年来进行的所有语文学习及阅读研究，加上数百篇他人所作的研究报告，为 SSR 建立了无懈可击的案例。"

在《朗读手册》（英文版第 5 版，2001）中，崔利斯讲述了这样一则故事：1990 年初，日本一位名叫广岛早史的中学老师受日文版《朗读手册》的影响，开始安排每天早晨让学生进行 10 分钟默读，成效非常显著。于是在之后的两年里，他亲笔写了 4 万张明信片给日本公立学校的校长，邀请大家到学校参观，接受这种默读法。在他的热心推动下，已有 3500 所学校在每天上学时安排默读活动，这些学校的排名逐年提升。

《书语者：如何激发孩子的阅读潜能》（新疆青少年出版社，2016）非常直观地呈现了美国学校中持续默读的应用情况，作者唐娜琳·米勒是一位小学教师，她在书中分享了自己的成长历程和引导学生们疯狂阅读的理念与方法，作为一线教师，她的分享特别有感染力，也颇具示范性。书中的第三章"总有一个时间，总有一个地点"讲述了她是如何挖掘各种各样的时间来让学生们进行独立阅读的。首先，在她的课上，"每天的课都以独立阅读开场"，至少会有 15 分钟，这就是持续默读时间。但米勒觉得这远远不够，于是开始认真审视学生的在校时间，然后"偷"时间来阅读，比如课堂有时被打断的时间，课堂上热身练习的时间，有的学生已经做完作业的等待时间，学校安排拍照的排队时间，去上图书馆课的时间……她估算了一下，这些常常被随意打发的时间都用上，每天至少可多出 20 ～ 30 分钟来进行持续默读。米勒说："应该提出的问题不应该再是'我们怎么才能挤出时间来开展独立阅读'，而是'我们怎能不拿出时间来呢'。"被她点燃起热情的学生甚至发明了一边洗澡一边看书的方法，其他同学还支招推荐可以改进的技术。不过米勒老师强调："无论为了健康还是出于对书的保护，我都不建议冲澡时看书。"

《书语者：如何激发孩子的阅读潜能》所提供的并不仅仅是持续默读的示范，它呈现的是将对阅读的热爱与阅读教学更好地相互结合的方法：教师如何利用自己作为终身读者的所知所学，引导学生爱上阅读。持续默读是其中很重要的一部分，但米勒还会向学生们推荐海量的童书，针对不同学生还能度身定制书目，让他们设定一个学年至少读 40 本书的目标。她的学生不但全部达成（甚至超越）了目标，而且在全州的知识与能力标准测评中取得了骄人成绩。换句话说，持续默读的成效在应用层面上一定是放在整体中来考察的。

那么这些年来，持续默读在中国的推广应用情况如何呢？有心的读者可以在中国知网[1]的论文库中检索"持续默读"，会查到200多篇相关论文，但主要是讨论持续默读在英文教学中的应用。随着近20年来国内小学校园阅读活动的大力推广，为孩子大声读书和持续默读的方法已经广为人知，但囿于种种条件的限制，目前还多限于民间的自发应用。前者常常以图画书讲述的形式出现而颇受欢迎，后者却似乎因过于"简单"而被忽略。以下介绍几个我主持设计并亲身经历的案例供读者参考。

我主持设计的最初的全校性阅读推广实验计划是在北京朝阳区第一新公民学校实施的，那是在2007—2008年期间，项目由南都公益基金会资助[2]。那所学校位于北京城乡接合部的北马房村，学生都是外来务工子弟，教师也主要是临时聘用的，校舍在冬天没有供暖。当时的"幸福的种子"计划核心是帮助这些孩子爱上阅读，并试图证明"阅读是培养这些孩子成才并获得幸福感的最为经济的教育手段"。计划实施的核心包含三个部分：**书**——打造便利的校园图书馆，确保师生总是有书；**时间**——确保每周有一下午的阅读时间，开展借阅、大声读与持续默读活动；**人**——培养热诚的阅读者，重点培训教师。

---

[1] 作者注：中国知网官方网站 https://www.cnki.net/。

[2] 作者注：南都公益基金会公示网址 http://www.naradafoundation.org/content/3495。

回顾那一学年的实验活动，打造图书馆、组织师生借阅（学生必须每周至少借阅两本书）、邀请志愿者与老师为学生大声读书、学生的读书讨论会、教师讲述培训与童书研读会，这类活动比较容易开展且非常受欢迎，但持续默读活动的实施最不容易。最大的难题是，持续默读本身的要求似乎过于简单，而主持的教师总忍不住要做些什么。比如当时最迟进入状态的是三年级的一位老师，她有 18 年的教龄，所以很难听取来自志愿者（可能被视作外行）的建议，在她的班上开展持续默读活动时，她总是忙于维持秩序，而学生也相当"配合"地制造需要被维持秩序的状况，在这种相当紧张的拉锯状态下，整个班级闹哄哄的，大家很难静下来读书，从而也"证明"了这种活动是多么浪费宝贵的教学时间。为此，几位有经验的志愿者制订了新对策，派出一位特别擅长交往的志愿者给那位教师送去一本有关奥黛丽·赫本（Audrey Hepburn）的很美丽的画传。果然，那位很有责任感的老师被画传迷住了，一时忘了去维持课堂的秩序，等她想起来抬起头时，发现整个班上的学生也都沉浸在自己的阅读世界里！

"幸福的种子"计划在第一个学期就取得了明显成效，整个学校的孩子都喜欢与书打交道，即使在课间，也有孩子抱着书在教室门口晒太阳，身兼体育教师的校长也习惯了在树下被孩子围着讲绘本故事。最让我欣喜的是教师的成长，因为志愿者迟早会离开，阅读进入教育的日常全靠他们。我看到他们的教室充满了书香气息，简陋的墙壁上到处贴着孩子们自制的阅读海报，大声读与持续默读的环节开始渗透进他们的日常教学，而且他们渴望对阅读了解更多……不过可惜的是，一年多后，因为城乡改造的缘故，这所小学被迫关闭了，学生被分散到其他学校。

第二个案例是有点儿极端的特例，那是在 2008 年汶川大地震后，在儿童节前去四川绵竹汉旺镇参加赈灾慰问活动之后，我和萝卜探长决定在那里的一个小山村"群新村"主持一个名为"仁爱学堂"的帐篷学校。当时的帐篷学校主要是为陪伴那些还在废墟上跑来跑去的孩子们而设立，但对我来说也是一个难得的实验机会：面对一群在阅读方面几近空白的孩子，是否有办法帮助他们爱上阅读呢？

在那所搭在竹林中的帐篷学校，每天上午会有些特色文化活动，课程安排完全看志愿者的专长，他们当中有画家、作家、音乐人、归国的海外学子和复员军人等，比如两位复员军人主持的简易军训课就特别受欢迎。下午是完整的阅读时间，这时的帐篷学校是一间开放的图书馆，由大声读活动开始启动，后面的时间是自由借阅和持续默读，要求所有在场的人（无论是学生还是志愿者）都安静地读书。下午活动到三点半左右，一般在唱歌和音乐游戏环节后结束，孩子们离开时每人可以领到一块糖。因为参加下午的阅读活动完全看孩子对阅读的兴趣，而且他们中途随时可以离开，所以通过发糖的数量可以了解实际上留住了多少孩子。

那所帐篷学校维持了大概一个月，后期能在阅读活动中留下来的孩子有五十多个，有小学生也有初中生。当时适合的图书数量有限，都是志愿者每人几公斤随身背去的，但在品类和质量上都不逊色于"幸福的种子"计划中的图书。虽然时间不长，但是可以看得出来，适合的书，加上大声读和持续默读的方法，即使是在满地泥泞的帐篷学校里，也能大大改变孩子们的阅读态度。当然，这也有赖于当时的志愿者们本身也都是热诚的阅读者。

第三个案例是前面提到的合肥地区的"石头汤悦读校园联盟"活动，它最初是由合肥屯溪路小学发起、陈一心家族慈善基金会资助的为期两年的"好书大家读"活动，我和萝卜探长于 2009 年应邀加入后，在 2010 年帮助调整为"校园阅读环境典范"项目，主要针对阅读环境中三方面的因素——**书、时间与人**，通过这些因素的改善来促进全校阅读环境的改善，从而帮助更多学生养成阅读兴趣与习惯。该项目在 2012 年由前期的骨干学校发起并牵头，演变成目前的校园联盟活动，2021 年加盟学校已达 45 所。在后面我还会介绍关于这个大型阅读项目的一些细节，在这里先重点谈谈持续默读的应用。

《自主阅读》一书在第五章详细介绍了"石头汤悦读校园联盟"的活动，并引用了一篇卡罗尔·A. 戈登博士（Carol A. Gordon）发表于美国《学校图书馆杂志》（*School Library Journal*）2014 年 1 月刊的访问特写，文中说"石头汤悦读计划提供每日 30 分钟自主选择读物阅读的时间、定期的朗读活动（包括校长向学生朗读故事）以及相当多样的读写活动"。其中"每日 30 分钟"便是我们倡导的持续默读活动，但那只是示范性的建议，需要每个学校根据自身情况具体安排。在 2013 年，联盟校中的望湖小学能做到安排日均 40 分钟的在校阅读时间，这已经非常不易，而其中也包含了大声读的时间。

在日常的教学中很难挤出每天开展"持续默读"的时间，这是所有学校普遍面临的难题。大概在 2011—2012 年间，联盟中最初的发起学校屯溪路小学再次做出了堪称创举的尝试，终于解决了这一难题。这多少有赖于当时的校长陈罡原本就是数学老师，他做出了这样的计算：每天下午三堂课，每堂课 40 分钟，如果将每堂课缩短为 35 分钟，不就正好多出了 15 分钟吗？而这 15 分钟的持续默读时间很恰当地安排在下午第一堂课正式上课之前，那是学生们中午返校之后、进入上课状态之前常常昏昏欲睡的时间。那么，是否需要请专门的老师来带学生们开展持续默读呢？学校认为不必特别安排，只需下午上第一堂课的老师顺便去陪孩子们读读书就好。

这是一个令人眼前一亮的创新举措，我迫切地想知道实施的效果如何，于是邀请基金会在当地的阅读义工帮忙拍摄具体实施过程。我请义工随机选择教室，提前待在一个角落，尽量避免师生感觉到她的存在，拍摄从学生进教室选书时开始，重点观察老师与学生的互动，持续默读活动开始后以固定镜头呈现完整的过程。不得不承认，最初传给我的视频呈现的效果确实有点儿参差不齐，有的老师还不得要领，也有些班级的班主任很用心，会与任课老师一起联手主持。但在一两周后，他们普遍进入了状态。有一个四年级班级的视频给我留下了极其深刻的印象，我认为那绝对是教科书式的持续默读范本：

　　一开始，孩子们陆续回到教室，有收拾东西的，有值日搞卫生的，也有打打闹闹、说说笑笑的。随着持续默读的时间临近，有的孩子开始在班级图书馆的小书架上找书，过了一会儿，老师也过来选书，顺便指点了几句。然后第一遍铃声响起，这是持续默读时间的预备铃，这个时间还可以去选书，但大部分孩子已经回到座位上，有的从书包里掏出从家里带来的书。接着，正式开始的铃声响起，所有人都已开始读书，包括坐在讲台上的老师。那位老师在安静阅读，她也会偶尔抬头看看学生们的状态，但基本上沉浸在自己的阅读世界里，她正在读的就是刚才从小书架上选的书。15分钟过后，又一遍铃声响起，这是持续默读结束的铃声，也是正式的上课铃。那位老师起身，在一旁放好书，也提醒同学们收好书。可以看到有些孩子仍然依依不舍地要多瞅几眼，最后才将书放进课桌或书包里。老师一声"上课"，孩子们齐刷刷站起来，师生互相鞠躬问好，然后开始正式上课。

让我最感慨的是这个班级师生之间的默契，他们已经很熟悉这种共读的方式，而且都能乐在其中。而那位老师做得最恰当之处就在于她基本上没有去干预学生，没有刻意维持秩序，自己也在安安静静地读书（没有批改作业或东张西望），甚至在打铃后还有点儿舍不得地放下了手中的书——这种自自然然的阅读状态是最有感染力和示范性的。

"石头汤悦读计划"走上正轨后，我不再担任该项目的阅读顾问，但在2021年回访了其中的几所项目学校。走访到屯溪路小学滨湖校区时，正好赶上下午开始上课的时间，我惊喜地发现在 10 年之后他们还在坚持持续默读。该校区的校长告诉我，从历届毕业的学生反馈来看，这个"简单"的活动让他们受益无穷，而且老师们发现持续默读活动后的学生处于相当积极的学习状态，课堂秩序也很容易管理。所以这项安排一直保留下来，成了学校的传统。

第四章

钱伯斯阅读循环圈

𝄋 一个笨孩子的阅读故事

1981 年，国际学校图书馆员协会（International Association of School Librarianship）第十次年会在英国威尔士阿伯里斯特维斯大学（Aberystwyth University）举行。英国作家钱伯斯当时已经在阅读教育界享有盛誉，他受大会的委托做开幕演讲，题名为"文学在童年时期的作用"。在演讲中，钱伯斯用很长的篇幅给来自世界各地的专家们讲了一个笨孩子的阅读故事。

那个男孩 5 岁时还不识字，当然这并不算笨。但他直到 8 岁才学会自己读书，上学 8 年后还没法通过语法考试，这就的确算不得聪明了。更糟糕的是，他的算术成绩一塌糊涂，为此老师每个星期至少要揍他一次。小学、初中的老师给他的评语是"发育迟缓"。

男孩的父亲是一位园艺师，母亲是家庭主妇。他没有兄弟姐妹，父母的兄弟姐妹们要么是矿工，要么是饭店的女招待。相比之下，他家的藏书还算多的，总共有 5 本：一本《圣经》（Bible）、一本小字典、两本家庭实用手册，还有一本《伊索寓言》（Aesop），居然还有彩色插图！家人偶尔会给他读几篇《伊索寓言》，他最喜欢的一篇是《狐狸与公鸡》（Fox and Cock）。

那个版本的故事大意是这样的：黎明时，公鸡站在篱笆上放声歌唱，他要大声告诉世界自己有多么了不起。狐狸想拿公鸡当早点，他跑到篱笆前对公鸡阿谀奉承。公鸡得意地闭上眼睛、仰起脖子，准备再表演一次。狐狸乘机一口咬住公鸡就跑。农夫和农场里的动物们听到公鸡的呼救，赶紧来追狐狸，可哪里追得上！公鸡眼看被救无望，便开始奉承狐狸，说他真是个了不起的长跑健将。狐狸得意扬扬，回头大喊，嘲笑追兵。可趁狐狸一松口，公鸡挣脱出来，飞上了大树。

就是这么一个简单的故事，用英文写出来也不过 300 个词。可那个男孩从 5 岁时就捧着它看（当然主要是看插画），直到 8 岁都看不厌。男孩从这个故事中获益良多。他把班上一位强壮如蛮牛、人人都惧怕的同学当作狐狸来奉承，居然能经常去玩他的玩具；他甚至会去讨好另一位邻居阿姨，奉承得她满脸堆笑，然后请他到家中去喝茶，让他得以亲近她的宝贝女儿！看来他并不是在每个方面都"发育迟缓"。

说到这里，你大概已经猜出来了，那个"笨孩子"正是钱伯斯本人。

在如此严肃的国际学术研讨会中，钱伯斯大谈自己的这段童年往事，试图证明文学阅读不但对于聪慧的孩子很有帮助，对于"笨孩子"也同样意义重大。他认为，在如此简单的文本中也富含文学元素，即使是像他那样的"笨孩子"也能够领悟。《伊索寓言》不过是用油墨印在纸上的一些记号。"当然，那时的我并不知道该如何解码这些记号，但当有别人掌握这种技能，并第一次说给我听的时候，就像给了我一个口传的礼物。在传达的过程中增加了一些东西，也失去了一些东西，但精华还在，被我接收到了，并留在了我的记忆中。"（引自《书之蜜语：关于文学和儿童的偶谈》，现代教育出版社，2023）

钱伯斯的这段回忆是否能证明他的论点，我不能确定，但这至少提供了一个很好的线索，告诉我们为什么他在大半生中孜孜不倦地从事着儿童阅读的研究和推广工作。

回顾钱伯斯的童年，不难发现他儿时的"笨"主要是受环境的影响。他出生于 1934 年，在一个没有多少文化氛围的家庭长大，上小学、初中的阶段正好赶上兵荒马乱的"二战"年代。在这种环境下长大的孩子，大多数会成为如父辈一般的工匠或矿工。但钱伯斯非常幸运，14岁时他遇到了一位语文教师吉姆·奥斯本（Jim Osborn），这位老师才华出众，也令许多学生感到畏惧，但他成为改变钱伯斯一生命运的导师。多年之后，钱伯斯在他的小说代表作《在我坟上起舞》（*Dance on My Grave*）中也创造了一个了不起的老师形象，那位老师也叫奥斯本！

正是这位奥斯本老师，教会了钱伯斯如何从阅读伟大的文学作品中获得快乐，教会他终身爱上莎士比亚的戏剧，鼓励他参加学校剧团的演出，鼓励他参加辩论社团的活动，说服他每个星期至少买一本书，并创建自己的个人图书馆。正是这样的良缘，使钱伯斯有机会读到了 D. H. 劳伦斯（D. H. Lawrence）的《儿子与情人》（*Sons and Lovers*），此书深深地感染了他，这部也许是描写20世纪上半叶英国矿工生活最为优秀的小说，在钱伯斯看来无疑是自己和家人最为真实的写照。从读完《儿子与情人》的那一刻起，钱伯斯就知道，他这辈子注定会成为一名作家。从此，阅读与写作一直伴随着钱伯斯。他说，他阅读是为了享受，而写作是因为他不得不写！

从学校毕业后，钱伯斯做了十年多的中学教师，在这期间，他还做了几年新派牧师。但他终于告别了这一切，专心从事写作。他创作的小说，如《休息时间》（*Breaktime*）、《在我坟上起舞》、《来自无人地带的明信片》（*Postcards from No Man's Land*），征服了许多青少年读者，先后获得荷兰银铅笔奖（Silver Pencil Award）、美国图书馆学会最佳图书奖（Best Books for Young Adults）、英国卡内基文学奖（Carnegie Medal）等，2002年他获得了国际安徒生奖。

在从事文学创作的同时，钱伯斯还一直致力于儿童阅读教育研究。受英国图书馆学会的委托，他经常为教师们授课，并与一些教师组成了一个专门性的阅读教育研究小组，一边实践一边开展研究，历时逾三十载。1969 年，他还与夫人南希共同创办了杂志《信号：通往童书之路》（*Signal: Approaches to Children's Books*），并努力使它成为一本世界知名的有关儿童文学与儿童阅读的专业杂志。1982 年，因为在儿童图书领域的重大贡献，钱伯斯夫妇共同获得了依列娜·法吉恩（Eleanor Farjeon Award）奖。

▶ 儿童阅读应当是良性循环

在儿童阅读教育领域，钱伯斯最令人瞩目的贡献是他提出的阅读循环圈理论。这个理论是在多年的研究与实践中摸索出来的。

1981 年，在上面提到的那次大会上，钱伯斯向与会的专家展示了一个还不太成熟的阅读循环圈示意图（如图 4-1 所示）。钱伯斯通过这个循环圈向人们指出，儿童阅读并不是一个单纯的从文本中获取意义的过程。

完整意义的阅读是从选书开始的，没有选书，何谈读书？如果在孩子所处的环境中连一本《伊索寓言》都没有，那么他连读的机会都没有。所以儿童阅读的首要问题是要让孩子有选书的机会，大人不但应该提供相当的图书储备，还应当让这些书置于可以接触、可以选择之处。当然，这也包括引导孩子到书店或图书馆去选书。

选书

藏书丰富（储备），可用性强（可使用）

取阅方便（可接近），陈列有方（展示）

读书（阅读）　　　　　反馈（反应）

阅读时间　　　　　　　讨论等等

场景布置（环境）　　　"我还想再读一遍。"

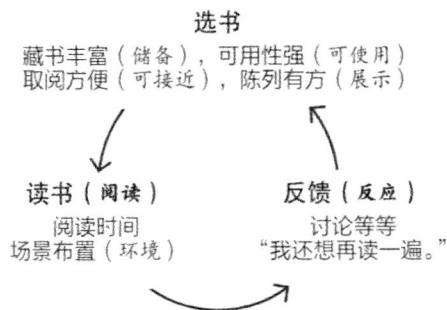

图 4-1　阅读循环圈示意图雏形（1981 年）

但这还不够，孩子除了有书可选，还需要充足的阅读时间，同时还需要适宜阅读的环境和氛围。儿童的阅读方式，既包括自己独立阅读，也包括听大人读给自己听。

读完一本书，阅读活动不会就此终止。孩子的反应是阅读活动中非常重要也最容易被人忽视的环节。任何人对于阅读都不会没有反应，所谓"没有反应"也只是反应的一种消极的形式。我们应当鼓励孩子做出积极的反应，可以通过正式的讨论，也可以通过闲聊的方式，鼓励孩子对所阅读的书表达自己的感受和看法。如果孩子的热情被激发出来，表示"我还想再读一遍"，那么阅读就可以自然发展到下一个循环。

如此反复，周而复始，儿童的阅读进入良性的循环。

这个循环圈描述了一个理想的儿童阅读状态。然而它似乎还缺少了一点儿什么，钱伯斯自己也意识到了，他写道："现在我们谈到了问题的核心。不读书的孩子，是由不读书的成年人一手造就的。我们可能资源匮乏，可能存书量不值一提，也许还会遇到各种各样其他的困难，但有一个事实始终凌驾于其他所有事实之上：对于文学教育，一个相信阅读、爱读书的成年人，一个了解儿童应该读什么书的成年人，从来不可或缺。"对于钱伯斯而言，那位成年人就是他的恩师奥斯本，而他在传承后又继续发扬光大。

当这一要素加进来后，著名的"钱伯斯阅读循环圈"最终构建成型。

🕴 打造儿童阅读环境

在 1991 年出版的《打造儿童阅读环境》中，钱伯斯完善了阅读循环圈，并完整地进行了描述（如图 4-2 所示）。

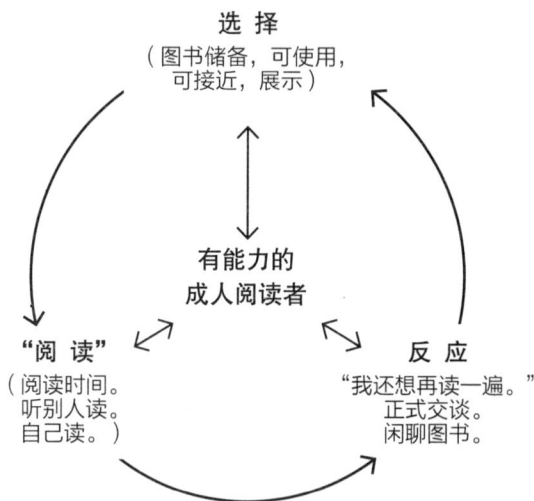

图 4-2　钱伯斯阅读循环圈（1991 年）

与早期相比，他的循环圈理论至少在两个方面实现了飞跃性的发展。

一方面，也是最显著的一面，他将值得信赖、富有经验的成人阅读者置于循环圈的中心位置。钱伯斯坚信，这样一位阅读导师的作用是至关重要的，他需要参与儿童阅读循环圈的整个过程，能够通过帮助和示范，引导孩子跨越在现实中可能遇到的种种障碍。钱伯斯并不否认阅读学习者之间相互进行学习的效果，但他认为"阅读既是艺术也是技术"，也就是说，身体力行才能获取真知，而经验需要从身体力行的前人那里传承。

对于这位"有能力的成人阅读者"，钱伯斯强调其组织和指导能力，但更强调他自我学习的精神和能力。他应当是一位自知自觉的阅读者。"你得回顾自己的阅读史，必要时记录下来，想一想它对于学习阅读有何帮助。"因为，阅读者是由阅读者打造的。钱伯斯还特别强调，这位导师需要保证自己有充足的阅读时间，需要与当下的读物和相关资讯保持接触，还需要与同道中人密切联系并相互帮助，同时确保自己处于不断学习进步的状态。

由此可见，钱伯斯并不是单纯地引入了一个成人阅读导师的概念，而是扩展了视野，把儿童阅读循环圈引向了更为广泛的人群。说白了，引导儿童阅读不是一位导师带着一群孩子读书的事情，而是许多导师带着许多孩子读书的事情。这意味着更为宽泛的阅读环境。

阅读环境概念的提出，是"钱伯斯阅读循环圈"理论的另一个飞跃。在前一个循环圈中（图 4-1），钱伯斯很笼统地提到了一个"环境"（setting）的概念，并将其放在"阅读"环节中。

但在 1983 年的专著《给孩子们介绍书》中，他又专门开辟了一章进行修订，提出了两个层面的环境概念：set 与 setting。即使在英文中，这两个词语的区别也很微妙：前者更为抽象，侧重于心理性，姑且译作"心理情境"；后者更为具体，侧重于物理性，姑且译作"物理环境"。

比方说，一群人准备去野餐，备好东西，打点行装，可在出发前有两个人闹起别扭，让大家都很扫兴，去也不是，不去也不是。这时大家对于野餐的心情，就是钱伯斯所说的"心理情境"（set）。仍然是这群人，准备好去野餐了，可在出发前"天公不作美"，刮风下雨，看样子是没法去了。这场风雨，就是"物理环境"（setting）。

钱伯斯认为，儿童的阅读环境需要从心理情境和物理环境两个角度去看待，这两者都很重要，但相比之下，心理情境更为重要。仍以野餐为例。在第一个事例中，所有的物理环境都适合野餐，但我们可以预见这样的野餐是很难成功的，因为大家没有了心情，可以说少了心理情境。但在第二个事例中，虽然物理环境恶劣到几乎不可能进行的程度，但如果大家去野餐的热情高涨，仍然可以打着雨伞出门，到树林里去用防水雨布铺地、搭帐篷，享受更为浪漫的雨天野餐！比利时女画家嘉贝丽·文生（Gabrielle Vincent）的那本著名的图画书《艾特熊 & 赛娜鼠——一起去野餐》（*Ernest et Celestine: vont pique-niquer*）讲的正是这样的故事，而且还是根据她的亲身经历改编的。

打造儿童阅读环境，并不局限于"阅读"的环节，而是贯穿于阅读循环圈的整个过程。大人一方面应当注重物理环境的构建，为孩子们提供足够丰富的书，布置适宜的读书环境；另一方面还应当注重心理情境的构建，为孩子们营造良好的阅读氛围，点燃他们的阅读热情，提供充分的阅读动力。

关于打造儿童阅读环境的具体方法，钱伯斯提出了14项活动策略，在《打造儿童阅读环境》一书中分14章讨论。简述如下：

1. 图书储备。如何为孩子们准备书源？钱伯斯侧重于讨论以下问题：学校如何为孩子们筹备书源？学校图书馆如何构建？在图书馆和班级如何陈列布置？如何选书、采购？如何筹集购书的资金？等等。在家庭和社区同样存在这些问题，崔利斯在《朗读手册》中也有专章的讨论，可供参考。

2. 图书展示。图书本身是具有装饰性的，向孩子们展示图书是为了吸引眼球、激发兴趣。好的展示应当是精心设计的，从选择的书目到陈列的方式，都大有发挥聪明才智的空间。展示图书，是为了让孩子们来读，所以它应该是持久的，书是可以接近的，可以使用的。

3. 阅读区域。"人是地盘性的动物、仪式主义者。"孩子非常容易受到环境的影响，所以为了让孩子们热心阅读、专心于阅读，很有必要布置专门的、适宜的阅读空间，以便营造阅读氛围。

4. 浏览。经常阅读的人都知道浏览的乐趣。在书店或图书馆，或者在自家的书架前，信手拈来，随手翻翻，有目的地寻找一本书，或者只是随机碰碰运气，这本身就是令人愉悦的事情。应当鼓励孩子们经常浏览，这是阅读的一部分，也是培养选书能力的重要步骤。

5. 阅读时间。按钱伯斯的说法，就是"持续默读"。参见本书第三章。

6. 阅读记录。"忘记是阅读的一部分；记起被忘掉的东西是阅读的另一种乐趣。"钱伯斯认为，用书面记录追踪孩子的阅读轨迹对于阅读成长非常重要，因此大人应当鼓励并帮助孩子来做这件事。但他同时忠告大人，应当允许孩子做简要的记录，大人不必去评判孩子的记录，更不宜鼓励用记录来刺激孩子之间互相攀比。记录纯粹是为了获得阅读的乐趣。

7. 讲故事。有人说自己不爱读故事书，但从没听说有人不爱听故事。为孩子们讲故事是培养阅读兴趣的好方法，除此之外还有诸多的好处。但讲故事是需要技巧的，要注意选材，要多分析揣摩。

需要特别留意的是，钱伯斯提到的讲故事主要还是根据特定的书来讲，在中文习惯中，它可以包含在"为孩子大声读书"的概念中。但钱伯斯特意把两个概念区分开，他认为讲故事侧重于故事人的表演，而为孩子大声读书的注意力主要集中在书本身。

8. 为孩子大声读书。参见本书第二章。钱伯斯虽然肯定这种方法的特殊价值，但显然并不认同崔利斯或美国教育部把它列为"最优"方法。在这个问题的判断上，钱伯斯与崔利斯各自的童年经历影响重大。假如钱伯斯同样拥有一个有人为他大声读书的童年，或许他不会是一个"发育迟缓"的儿童，但他在成年后是否还会如此执着地创作儿童文学并研究儿童阅读呢？可惜每个人的童年只有一次，历史也是从来无法假设的。

9. 拥有图书。热诚的阅读者常常买书成癖。引导孩子学会买书，也是阅读教育中的重要方法。教师可以在学校里为孩子们提供买书的地方，组织孩子们成立读书俱乐部，还可以举办图书节，在学校里展销图书。

10. 作者见面会。让孩子们认识作家和画家，是拉近书与他们的距离的不可替代的好方法。教师可以想方设法邀请某些作家和画家到学校来，给孩子们讲演或一起活动。

11. 书友和笔友。多年以前，美国书商协会斥巨款进行了一项大型的调查，研究人们在选择书的过程中什么因素的影响至为重要。调查结果几乎毫无悬念：来自朋友的推荐最具影响力。教师可以通过帮助组建兴趣小组、阅读俱乐部，组织征文活动、表演活动、讨论活动等方法，引导孩子们在同龄人中找书友和笔友。他们相互之间的影响，对于提高阅读能力和兴趣帮助巨大。

12. 帮助孩子学会选择。上述多项活动都能帮助孩子逐渐学会自己选择图书。除此之外，教师还可以通过随意闲聊、特别推荐、推荐书目、比较图书版本等方法提高孩子的选择能力。

13. 阅读反应。阅读任何东西都会产生反应，文学阅读所引起的反应通常被描述为"高兴""厌倦""激动""有趣""享受""狂喜"等等。为了帮助孩子们成为有思想的阅读者，必须关注这样两种反应：

第一种，很欣赏某本书，希望能重新体验一遍快乐。往往表现为：渴望重读，或阅读该作家的其他作品，或阅读同类的作品。就这样，我们又回到了阅读循环圈的起点，重新选择、重新开始。

第二种，很欣赏某本书，忍不住想找人聊一聊。我们希望其他人，特别是自己的朋友一起来体验。聊书通常有两种形式：一种是非正式的闲聊；一种是正式的谈话，比如课堂讨论。如果恰当引导，也能帮助阅读者的循环圈呈现螺旋上升之势。

关于阅读反应，钱伯斯和他的研究小组潜心研究了 30 年，成果颇丰。1993 年，他发表了非常具有理论开创性的《说来听听》（*Tell Me: Children, Reading, and Talk*），详细予以介绍。构成钱伯斯的儿童阅读反应理论的基本要点包括：第一，聊书也是阅读的一部分，"没有聊过书，就好像没有读过那本书"；第二，儿童具备文学评论的能力；第三，与孩子聊书应当用邀请的姿态，在尽可能平等、自由、宽松的氛围下进行，"说来听听……"（Tell me ...）是标准的示范用语。

14. 有能力的成人阅读者。参见前述。

以下是我为教师和阅读志愿者培训而准备的"班级阅读十八招"（区别于前述的"亲子阅读十八招"），主要用于在校的阅读活动，最初起草于 2007 年，后来有多次调整与修订，基本思路主要参考了"钱伯斯阅读循环圈"。

班级阅读十八招

第一招：大声为孩子读书吧！

第二招：持续默读（自由地、自愿地阅读）

第三招：阅读时间　请勿打扰！

第四招：教室阅读角与创意书展

第五招：好饿好饿的书虫

第六招：闲时聊聊书

第七招："推销"与"诱饵"

第八招：谁是"最伟大的推销员"？

第九招：书生动口也动手

第十招：书香设计　装点生活

第十一招：创意读书记录

第十二招：童话欢乐剧场

第十三招：与书友的"神秘约会"

第十四招：阅读跨百科

第十五招：主题阅读（延伸阅读）

第十六招：阅读讨论会

第十七招：趣味竞赛与评比

第十八招：家校联系　亲子互动

第N+1招："皈依"儿童文学，无招胜有招

■ 第二部分

儿童阅读生态
——影响儿童阅读的诸多因素

▌第五章

图画书阅读的生态

🎤 如何挖掘童书的神奇魔力

尼娜·米可森（Nina Mikkelsen）原本在美国一所大学教授写作课程，可当她"升级"做妈妈后，就不可救药地坠入了童书的兔子洞穴中。

尼娜有两个孩子，大儿子威尼和小儿子马克。在威尼6个月大时，她就开始为他大声读图画书。她发现在这个时候威尼显得特别关注，这也令尼娜非常好奇：

他在这本书里，看到了什么？当他听我念苏西和大狗的故事，并看着书页上的图画时，小脑袋瓜里在想些什么？每当我和他（甚至到后来还有他的弟弟）分享故事时，有关他的世界的问题始终让我感到好奇，而且有增无减。［引自《童书中的神奇魔力》（*Powerful Magic : Learning from Children's Responses to Fantasy Literature*），台北阿布拉教育文化有限公司，2007］

当威尼上小学以后，尼娜成了他们一年级班上的故事妈妈。她在工作之余，每周两次到威尼的学校去，给孩子们读图画书故事。孩子们热烈的反应给了她极大的激励，她决定继续深造，选修儿童文学研究生课程，并开始致力于儿童阅读反应的研究。

如今，尼娜·米可森已经成为这个领域的知名学者。一方面，作为一个独立研究者，她已经出版了一些与儿童对于文学所产生的阅读反应、儿童写作和创作故事的过程、用文学来促进孩子的读写能力、儿童文学的社会情境和多元种族的美国文学有关的书籍；另一方面，她继续在小学、中学和大学里教书，在工作中应用她的研究成果。

《童书中的神奇魔力》一书，记录了尼娜和孩子们（主要是威尼和马克，还有他们的同学和朋友）一起分享图画书与幻想文学作品的详细过程，还有尼娜从多元读写能力的视角进行的详尽分析。

尼娜提出的多元读写能力，综合整理了多位前辈阅读理论学者的理论和观点，包括诠释读写能力（Generative Literacy）、个人 / 同理读写能力（Personal/Empathetic Literacy）、社会文化读写能力（Sociocultural Literacy）、文学读写能力（Literary Literacy，又称互文读写能力）、叙事读写能力（Narrative Literacy）、批判读写能力（Critical Literacy）、美感读写能力（Aesthetic Literacy）、印刷文字读写能力（Print Literacy）。尼娜认为，儿童在阅读和创作故事的过程中自然衍生出多种读写能力，当我们与孩子一起参与回应性阅读的时候，不但能帮助孩子提高多元读写能力，还能帮助我们更了解他们的文学、他们的世界，以及他们体验文学世界的方式。

尼娜的研究方法说起来并不复杂。首先，她精心选择一本书，自己进行一番研读。然后，她选择合适的机会和身边的孩子分享这本书，但会采用多种形式：同一本书，与不同年龄段的孩子分别分享，与某个孩子单独分享或与多个孩子一起分享，在家庭或在学校，第一次阅读或重复阅读。分享的方式，主要是大声为孩子读书，有的图画书还可以邀请孩子进行合作式的共读。在分享的过程中，留心孩子的反应，尽可能充分地交流，诱导孩子参与讲述或发表意见，通过录音记录整个过程。在分享后，她也常常请孩子以书写或图画的方式记录对作品的反应。最后，尼娜回到自己的书房，不厌其烦地播放录音，记录并分析，同时设计下一步的分享计划。

以英国插画家雷蒙·布力格（Raymond Briggs）的《雪人》（*The Snowman*）一书的阅读分享为例。这是一本经典的无字图画书（现也常被归入无字的"图像小说"类别），讲的是一个奇幻的故事：男孩堆了一个雪人，一天半夜，男孩邀请雪人来到家中玩耍，后来雪人又拉着男孩畅游奇妙的雪国。他们在天亮前回来，男孩上床睡觉，雪人又站回原地。男孩睡醒后，跑出去再看时，只看见融化的雪堆，还有曾经是雪人眼睛的两块黑炭。全书用了32页、大大小小167幅图来讲述故事，除了标题外，没有一个字。

在仔细研读了《雪人》后，尼娜仍感到没有把握将这本书读给孩子听，于是她采用了另一种方式。她带着书来到威尼的教室，坐在地板上，让孩子们围着她，然后鼓励他们把这个故事说给她听。孩子们在相互合作中，完整地讲述了《雪人》的故事。孩子们对《雪人》的初步阅读反应告诉尼娜，他们能把握此书的基本故事结构，但侧重关注的要点与成人评论家的关注点不同，而且每个孩子基于背景的不同对故事的理解也有所不同。

接下来，尼娜请孩子们想一想他们觉得最特别的一幅图，让他们用自己的文字，或是图画，或是言语来进行说明。此时，不同的孩子选择了不同的场景来表达自己的印象。有一个叫凯西的女孩拒绝"反应"，尼娜主动找她聊。凯西说对雪人融化的那幅图印象最深，但"这个故事的结局不好，很烂"。所以她认为这个故事不是真的，一定是男孩在做梦。尼娜结合凯西画的另一幅图来判断，凯西所拒绝的很可能是故事结尾带来的哀伤的情感。

尼娜感觉在教室里的初步交流并不充分，因为留给孩子反应的时间太少。于是她把书带回家，与威尼（8岁3个月）和马克（5岁8个月）分别进行了分享。她发现，两个不同年龄的孩子虽然都能完整地讲述这个故事，但对于许多细节的处理选择了不同的方向，比如：对于男孩与雪人的关系，年长的威尼在讲述时会让男孩扮演主导的角色；对于雪人最后融化的事实，威尼虽说感到一点点难过，但他让故事保持了原貌，而马克却说他还可以堆一个一模一样的雪人。

然后，尼娜又请邻居的女孩萝莉（6岁5个月）和夏绿蒂（7岁6个月）分别进行了分享。她发现，相对于男孩来说，女孩对这本书的反应热情较弱一些，她们不约而同地把雪人当成具有老师身份的大人，总是像年迈的父亲一样指导男孩，因此她们读到的故事少了许多乐趣。在尼娜看来，这种性别取向的阅读（gendered reading）阻碍了两个女孩从这个故事中得到乐趣。

就这样，通过与孩子一起阅读图画书，通过分享、交流、观察与分析，尼娜认为，影响孩子从一本书中获得乐趣的因素很多，包括性别、个人建构（人格特质）、年龄、经验背景、先前对这本书的概念等。大人最好要聆听孩子自己的反应。

孩子们各有不同的观点，他们截然不同的反应也源自各种不同的差异。因此，没有任何一个大人、成人团体、出版公司、教科书或标准测验，可以决定或预测孩子应该会或将会产生什么样的阅读反应。只有在我们规划了动态的阅读反应时，我们才能真正看到了解孩子、他们的书籍、他们的世界，以及教导他们的最佳方法的各种可能性。（引自《童书中的神奇魔力》）

📙 图画书中的图画与文字的合奏

在前述《雪人》一书的范例中，尼娜为我们展示了一种迥异于传统的儿童阅读方式。假如那是一本纯文字的书，大人需要首先关注孩子是否能理解字面意义，通常是通过为孩子大声读书，或是引导具备识字能力的孩子自己读，然后才有可能进行有关意义的交流。在传统的亲子阅读和课堂学习当中，我们常常发现，阅读活动往往把重点放在了分析语言文字的技巧上。

面对《雪人》这样完全无字的书，精通文字的大人反而失去了优长。尼娜的做法很聪明，她把自己看作一个引导者和倾听者，而不是那种全能的教导者。她让孩子主导故事的讲述，她来主持阅读反应活动，通过讨论交流引导孩子体验乐趣、思考意义。而《雪人》这样的无字书，似乎能提供无穷的可能性，不同的孩子可能读出一个完全不同的故事。这又为我们对书和儿童的理解提供了许多有益的线索。

不过《雪人》还只是一个特例。绝大多数图画书既有图画，又有文字，它们之间的关系是最让图画书研究者着迷的话题。绝大多数读者最初接触到这个话题时往往不以为然。习惯于文字阅读的读者，会很自然地把图画书中图画与文字的关系看作一种类似镜像的关系。

就我个人的阅读经历而言，在童年时代（20世纪70年代）我也读过许多被称为连环画或小人书的"画书"。在连环画中，文字与图画基本上是互为说明和互为补充的关系，而且通常以文字为主，图画为辅。为什么这么说呢？你可以随手找出一本小时候读过的连环画，把书中的图画蒙住，只读文字，你会发现，从文字中可以读到一个完整的故事。再看图画，可以印证故事并加深印象。但是，如果你反过来做，先蒙住文字，只看图画，你会发现，从图画中很难读出一个完整的故事。但假如你曾经读过这个故事，图画可以很好地提示你，帮助你回忆出整个故事。而无论你怎么做，是先蒙住图画还是先蒙住文字，最后你读到的只会是一个固定的故事。后来，我在知网的论文库里读到一篇硕士论文《基于图文关系的连环画文化转型研究》（张人方，湖南师范大学，2017），其中关于连环画文图叙事的探讨也印证了我的感受。

但许多经典的图画书却不是这样。提到图文关系，人们很容易想起《母鸡萝丝去散步》（*Rosie' s Walk*）一书。这是英国艺术家佩特·哈群斯（Pat Hutchins）1968 年出版的代表作。这本书的文字简单得令人咋舌："Rosie the hen went for a walk / across the yard / around the pond / over the haystack / past the mill / through the fence / under the beehives / and got back in time for dinner"——只有 32 个单词，连标点符号都没有（分隔号是分页的标志）。翻译成中文："母鸡萝丝出门去散步 / 她走过院子 / 绕过池塘 / 越过干草堆 / 经过磨坊 / 穿过篱笆 / 钻过蜜蜂房 / 按时回到家吃晚饭"——只有 44 个汉字。书中的文字只是一句话，讲述了一只母鸡的散步过程，它不但简单得出奇，而且平白、刻板得出奇。这样一个故事，怎么可能是跨近半个世纪而经久不衰的作品呢？但事实确实如此。在 2006 年度由《父母必读》杂志和红泥巴读书俱乐部的读者和编辑共同评选的优秀童书"Top 10"活动中，《母鸡萝丝去散步》位居榜首！足见中国读者对它的喜爱。

阅读《母鸡萝丝去散步》这样的书，必须让文字与图画紧紧相连。翻开这本书的画面，我们看到了那只著名的母鸡，它只有一个恒定不变的侧面像，看不出什么表情，既可以说它高傲，也可以说它愚钝，既可以说它平静，也可以说它麻木。它是什么样的并不重要，重要的是读者希望赋予它怎样的情感。然后，我们看到了一只狐狸，通篇文字只字未提，却是整个故事中最为活跃的角色。它一路尾随着母鸡，显然有所企图。它上蹿下跳，不断向母鸡发动袭击，但运气实在很糟，终以失败告终。有趣的是，农场里所有动物都发现了狐狸，而母鸡萝丝却一无所知，自顾自地按既定路线散步……巨大的反差构建了一种特别强烈的幽默感，让无数大小读者忍俊不禁。因为文字完全放弃了那只倒霉的狐狸，所以它只能成为一个公开的秘密，永久地"藏"在图画之中。

　　我们不妨再假设一下，把《母鸡萝丝去散步》中的那些刻板的文字统统去掉，变成一本无字书，效果会怎样？它仍然可以成为一个有趣的狐狸追母鸡的故事，但似乎并不那么好笑了。秘密何在？如果把这个母鸡与狐狸的闹剧比作一个相声段子，既有图画又有文字的故事是一个双口相声，图画是逗哏，文字是捧哏，它的幽默效果既依赖逗哏的夸张鲜活的挑逗，也依赖捧哏的看似憨厚愚钝的呼应。在传统的相声界还流行着一句"三分逗七分捧"的说法，至少说明捧哏与逗哏是同等重要的。而只有图画的故事就变成了单口相声，没有捧哏，幽默感反而单薄了许多。因此，就这本《母鸡萝丝去散步》而言，它的巨大魅力来自图画与文字的精彩合奏。

当图画艺术引入儿童的文学读物中，渐渐与语言文字艺术紧密结合，直至在重要性上分庭抗礼，不但使图画书成为儿童乐于亲近的读物，也使图画书成为一门独特的艺术形式。

有关图画书的研究，在中国大陆才刚刚开始，彭懿的《图画书：阅读与经典》是一个开创性的里程碑。据英国学者大卫·刘易斯（David Lewis）在《阅读当代图画书：图绘文本》（*Reading Contemporary Picturebooks: Picturing Text*）一书中的介绍，即使在西方，关于图画书的经院式的研究也不过起步于 20 世纪 80 年代，而佩里·诺德曼教授于 1988 年出版的 *Words About Pictures: The Narrative Art of Children's Picture Books*［《说说图画：儿童图画书的叙事艺术》（贵州人民出版社，2018）］是开创性的论著之一。在这本论著中，诺德曼用了大约六分之一的篇幅专门讨论了图文关系。

诺德曼曾在孩子和自己的学生中做过一个有趣的实验。他拿来一本图画书《野兽国》（*Where the Wild Things Are*，又译《野兽出没的地方》），精心处理了一番。这是图画书大师莫里斯·桑达克（Maurice Sendak）出版于 1963 年的经典之作，讲述一个名叫麦克斯的小男孩，因为淘气而被妈妈惩罚不许吃晚饭，他在狂躁的情绪下梦游野兽国，经过一番历险后回到现实状态，而妈妈早已为他准备好了热腾腾的晚饭。诺德曼把这本书的文字和图画分离，给一组听众单纯读文字，而给另一组读者只看画面。结果两组读者都自认为听懂或看懂了这个故事：只获得了文字故事的读者很肯定地认为，这个故事太恐怖了，根本不适合孩子；而只看画面的读者则认为这是个单纯的奇幻故事，但完全偏离了原作的故事线索。而当这些参与实验者最终读到完整的故事后，都承认这原来是一个非常有趣的儿童心理故事。

诺德曼还用其他一些书做过类似的实验，他越来越坚信这样的一个论断："一本图画书至少包含三个故事：一个是文字讲述的故事、一个是图画暗示的故事，还有一个是文字与图画相结合而产生的故事。"（引自《儿童文学的乐趣》，少年儿童出版社，2008）

▶ "图画书的生态关系" 的提出

将图画书中的图文关系比喻成一种生态关系，这是英国学者大卫·刘易斯的有趣发明。沿着这一发明一路探寻下去，你会发现一个新天地。

多年以来，西方图画书研究者一直试图对图文关系进行归纳性的描述。虽然大家都赞同，图画书依赖图与文的交互作用而产生独特的艺术魅力，但是如何描述这种交互作用呢？是否存在某种标准，可用来划清图画书与非图画书之间的界限呢？有关这个话题的讨论不断升温，渐渐演变成广泛的争论。

尤里·舒利瓦茨（Uri Shulevitz）是一位曾获一次凯迪克金奖（Caldecott Medal）、三次凯迪克银奖（Caldecott Honor）的图画书艺术家，同时也是一位研究者。他在论著《用图画写作：如何创作儿童图画书？》（*Writing with Pictures : How to Write and Illustrate Children's Books*）中比较了图画书与带插图的故事书，他认为："一本真正的图画书，主要或全部用图画讲故事。在需要文字的场合，文字只起辅助的作用。只有当图画无法表现时，才需要用文字来讲述。"舒利瓦茨试图用这种描述来构建一种概念性的标准，沿用这种标准进行分析，他认为连比阿特丽克斯·波特（Beatrix Potter）的《比得兔的故事》（*The Tale of Peter Rabbit*）都不是图画书，只是带插图的故事书。而在大多数研究者看来，《比得兔的故事》可以说是现代图画书的开山之作。

另一位学者乔安妮·戈尔登（Joanne Golden）在论著《儿童文学中的叙事符号》（*The Narrative Symbol in Childhood Literature*）中，同样以《比得兔的故事》为分析对象，但结论却是迥异的，她认为图画书中的图文关系可描述为五种类型：

1. 文字和图画是对称的；
2. 文字依赖图画来说明；
3. 插图加强并细化文字；
4. 文字担负主要的叙事功能，插图是可选的；
5. 插图担负主要的叙事功能，文字是可选的。

显然大卫·刘易斯并不满意乔安妮的这种分类，他认为她只是对图文关系简单分类，并没有说明它们之间的交互作用是如何发生的。

诺德曼在《说说图画：儿童图画书的叙事艺术》一书中也以《比得兔的故事》为例，他以两页的篇幅详细分析书中的文字与图画细节，得出的结论非常惊人："几乎所有的图画书都准确地呈现出这种反讽特征（irony）。"反讽，是诺德曼描述图文关系的核心概念，他在借用这个术语时非常有个性，一般的读者可能很不习惯。诺德曼并非直接借用反讽之所谓"说反话"的惯用意思，而是扩大了外延。在他看来，文字与图画各具独特的表现力。在"好的"图画书中，文字与图画各具擅长的场域：一方面互相给予必要的限定，假如没有这种限定，各自会显得模糊和不确定；但另一方面互相较劲，表现对方所无法或难以表现的内容。换句话说，在"好的"图画书中，文字和图画表面上好像在说同一件事，但文字讲的并不是图画看上去的那样，而图画描述的也不是文字所刻意表现出来的意味。图画与文字之间形成了一种迷人的艺术张力。

作为《比得兔™的世界》（*The World of Peter Rabbit™*，湖南科学技术出版社，2022）的译者兼20多年的研究者，我可以提供一个鲜活的案例，比如在《比得兔的故事》的开始几页，兔子妈妈对几个孩子（尤其是比得）做了一番交代之后，下一幅对开页的文字是："说完，兔子太太挎着篮子、带着雨伞，穿过树林去面包店。她买了一条黑面包和五个葡萄干圆面包。"画面中，兔子太太确实是"挎着篮子、带着雨伞，穿过树林……"，但是细心的读者会看到兔子太太特意换了一身外出的服装，特别是十分可疑地换上了红披风、红兜帽，再加上篮子与树林的符号，让人忍不住想起《小红帽》（*Little Red Riding Hood*），而手中那把雨伞更像是防身的武器。整本书的自然环境处在郁郁葱葱的季节，但这一页的树林却光秃秃的，一派肃杀景象，而且树木显得异常矮小（特别是对兔子而言），树木之间形成狭小逼仄的拱道。这一切似乎都在暗示某种可能的危险，而这远远超出了文字所提供的信息和印象。（相关插画参见《图画书小史》，江苏凤凰美术出版社，2021）这大概就是诺德曼所说的"反讽"。

这种现象非常有趣，另一位研究者玛格丽特·米克（Margaret Meek）借用另一个术语来描述，叫作相互活化（interanimation）。

探寻图画书中的图文关系，并不是本书的目的。在这里，我列举一些观点，只是希望大家能窥见激烈而纷繁复杂的争论的一斑，这样我们才能理解大卫·刘易斯的"发明"具有怎样的建设性，他在尝试扮演"终结者"的角色。

　　在《阅读当代图画书：图绘文本》中，大卫·刘易斯首先综述了以往的各种争议性的观点，他把这些观点大致分为三大类，并逐一评估。

　　第一类观点，试图借用音乐术语的比喻或类比。如将图画与文字的交互作用比喻为"交织"（interweave）、"二重唱"（duet）、"协同互增"（synergy）、"轮唱"（antiphonal）、"合奏"（orchestrate）、"对位"（counterpoint）等等。刘易斯认为这些比喻生动鲜活，在一定程度上也能准确反映图文的交互作用，但每一种比喻都是有限度的，也就是说，我们总能举出某本图画书无法用一种比喻来描述。而且这种比喻存在致命的缺陷，它们总是把图画和文字看作各自独立的部分，而割裂了它们作为一个整体的融合关系。

　　第二类观点，即米克所代表的相互活化。刘易斯认为，这种观点相较于音乐比喻观点更优，因为它更真实地反映了图画书的阅读状态，它更符合我们的阅读经验，在此基础上可以更具建设性地构建图画书的基本阅读模式。但这种观点过于泛泛，不能提供具体的认识和检验的方法。换句话说，所有图画书都可能存在文字与图画之间的相互活化关系，但不同的图画书的具体表现是不同的，还需要找到进一步的描述方法。

　　第三类观点，分类描述观点。这种观点是最为丰富的，比如前述的乔安妮·戈尔登的观点。还有一个颇具代表性的分类法，是由玛丽亚·尼古拉耶娃（**Maria Nikolajeva**）和卡罗尔·

斯科特（Carole Scott）在《图画书交流的动态》［The Dynamics of Picturebook Communication，载于《教育中的儿童文学》（*Children's Literature in Education*），2000 年第 4 期］中提出的，她们将图文交互作用分为四类：对称性的（symmetry）、增强性的（enhancement）、对位性的（counterpoint）、矛盾性的（contradiction）。

大卫·刘易斯在逐个分析了几种典型分类法后，承认这些分类法可以丰富我们研究图画书的视角，但遗憾的是，无论列出多少种类别，都无法穷尽纷繁复杂的图文交互作用。而且，当我们尝试用任何一种分类法去具体分析作品时，都会遇到困难，一位图画书创作者可能在不同的书中采用不同的方法，甚至可能在同一本书中的不同跨页综合运用各种方法。面对这种情形，分类法显得相当尴尬。特别是在逻辑上，图画书 B 与图画书 A 相似，图画书 C 与图画书 B 相似，并不能说 C 就一定与 A 相似。因此他认为，对图文关系进行分类有武断之嫌，容易诱导人们将颇具个性的一部部作品套进既定的条条框框之中。

经过一番漫长的经院式的分析论证后，大卫·刘易斯终于提出了自己的"图画书的生态关系"（the ecology of the picturebook）观点。他认为，借助生态学的视角，我们可以将那些无休无止的"图文关系"争论暂时了断。如果将图画书中的图文关系比喻成生态关系，它们之间很明显地表现出交互性、灵活性和复杂性三大特征。图与文各自形成环境，在各自的环境中，对方既要生存又要挑战。图文关系不再是固化的，而是动态发展的，即使在一本图画书中也可能在不断变化，而随着时代的发展，图画书中的图文关系表现出更多的可能性，最终是混杂的而不是尽可能单一的。当我们借助这个视角暂时了断争论后，可以关注更为重要的事情，那就是阅读。图画书所呈现的各种"生态关系"都只是可能性，当且仅当我们"读"的时候，特别是当大人读给孩子听的时候，这些可能性才能被阅读事件触发而成为现实。

大卫·刘易斯提出，将生态学的研究视角引入图画书，至少有这样两大好处：

第一，可以不断提醒我们，在初次接触到一本图画书时千万不要以为，自己什么都可以一下读明白，我们需要更加耐心更加仔细地进入，争取通过共读的方式进入。因为，人们对于如何解读复杂的文本（包括图画构成的文本）所知仍然有限，特别是熟练的成年阅读者，包括家长、老师、专家，都未必是最佳的图画书阅读者。

第二，它将促使我们更为关注儿童参与的阅读，儿童似乎生来具备某种阅读图画书的先决能力，虽然他们在很多方面的经验都还有所欠缺，但孩子从图画书中读出来的东西往往比专家、老师、家长读出来的东西更为有趣，更值得关注。

🏃 回归起点：回到阅读本身

大卫·刘易斯自己恐怕也不知道，他的"图画书的生态关系"所提供的思路多么美妙！

单就图画书的研究领域而言，这样的一个生态关系比喻并不足以终结理论上的探讨。但它强烈地提醒我们应该放弃那些华而不实的争论，强烈呼吁研究者们回归起点——回到阅读本身。借用生态学的思路，不但能厘清图画书阅读中的一些棘手的问题，还能帮助我们理解整个儿童文学与儿童阅读中的一些基本问题，从最初的起点重新探寻更具现实意义的出路。

图画书是儿童文学研究中的新领域，新奇本身就足具诱惑了，更何况研究这一新领域还需要更为丰富的知识集合，除了以往的文学、教育学、心理学的知识基础外，还需要如艺术、符号学、文化学等方面的知识积累。这种研究越是边缘就越是迷人，而图画书中的图文关系可以说是最为边缘的领域。当我拜读如诺德曼教授这样的前辈高人的相关论述时，总是对他们不时展现的诗人的气质、哲学家的风度、艺术史家的渊博，还有如外科医生的精细、考古学家的缜密和侦探的热情……佩服得五体投地。但我时时提醒自己，理论本身也可以是一种陷阱。当一种理论变得越来越华丽，它创造的独特概念和逻辑成为自身存在的主要营养时，就会越来越远离它所赖以生存的土地，成为仅供观赏的奇异之葩。

这种奇特的理论现象并不是图画书所特有的，在我们的儿童文学研究领域就时常能够见到。有时候，在理论界越是让人津津乐道的话题，在公众看来就越是陌生。当我们身为普通人——普通的家长、老师或读者时，还能够关心诸如柴米油盐酱醋茶、奶粉、尿片或是小孩子读书之类的日常问题，而一旦披上了美丽的理论研究者的外衣，戴上了学术的光环，就只能去构建宏大、穷追终极了。在一个成熟的社会里，思想者有责任去关心最基本的日常问题。

大卫·刘易斯的生态观，试图将经院式的探讨引回理论的出发点。就图画书而言，这一出发点其实非常朴素：我们为什么要给孩子读图画书？怎样读最有效、最有益？回头想想，在纷繁复杂的理论探讨中我们常常会忘记这一初衷。这难道不可笑吗？

仔细思考这一初衷，让自己回复普通人的心态，你会发现这种生态观的迷人之处，还会发现前面提到的那位尼娜·米可森是一位多么可爱的妈妈、老师兼理论研究者。在回到起点的问题上，尼娜和刘易斯惊人的一致！

不过，与刘易斯的长篇大论相比，日本出版家松居直的说法更容易让中国读者明白。这位老前辈是日本图画书出版的开拓者和奠基人，也是一位虔诚的推广者，他对于推动中国图画书的出版也做过巨大的努力。他虽然没有创设专门的图画书理论体系，但非常擅长用朴素的语言表达深刻的思想，这是一种东方人所特有的智慧。在很多场合，松居直不断强调"请把图画书看作读给孩子听的书""要透过孩子的眼睛看图画书"或类似的话，与刘易斯、尼娜等学者的思路如出一辙。在他的论集《我的图画书论》（湖南少年儿童出版社，1997）中收有一篇《通过孩子看图画书》的文章，里面有许多精彩的观点和论断，让我一遍遍地咀嚼。下面摘录几段，也作为本章的小结：

无论读多少文学史、文学理论书或是评论，结果还是搞不懂文学，不过是在文学外面兜圈子而已。要了解文学，除了自己直接走进文学作品的世界去体验以外，没有别的方法。可以说，图画书也是同样，要了解图画书或它的世界，最重要的首先是要亲自一册一册地去读，并且最好是去读给孩子们听。更明确地说，如果不和孩子一起去欣赏图画书的世界，那么要了解图画书、认识图画书对儿童意味着什么，恐怕将是困难的。

　　无论是过去知道这些书的，还是第一次看到这些书的，请大家先不要从保育角度、与儿童的关系角度考虑，而是作为一个人、一位读者读一下这些书。有些图画书，即使是大人读了也会感动、高兴、产生兴趣。也许，你会被精彩的内容所征服，那种认为"图画书＝儿童书"的想法会不翼而飞，甚至会想：这是图画书吗？图画书是这样了不起的世界吗？优秀的图画书是非常个性化的艺术，它表现的是那些如果不采用图画书的形式就表现不出来的东西。

　　如果有令你感动、令你愉快的图画书，把它读给孩子会怎样呢？请用孩子的心情想想这个问题。最好能带着感情把那本书给孩子读一下。奇妙而必然的是，讲述者心中的感动会传达给听的人，讲述者喜欢的书，孩子们也喜欢起来。这中间有图画书、讲述者和听众的宝贵的交流。

　　把自己读书时的感受和与孩子一起读书的感受结合起来加以考虑，我们对图画书的世界肯定会有新的认识。孩子对图画书的反应，可以使大人发现许多他们独自看书时发现不了的东西。只有和孩子一起读图画书，我们成人才能真正理解图画书。孩子是我们的老师。

　　看到孩子们听故事时的表情、反应和听过故事后他们在生活中的反响，就可以明白这本书是怎样被他们读懂了。

生态学的启示

❥ 一所小学与图画书的故事

　　广东省深圳市南山区后海小学成立于 1999 年 9 月，2007 年，这所小学有 26 个班，1200 多个学生，88 名教职工。我曾专程去探访过，单从外表上看，这所校园美丽、设备一流的学校也只是一所普通的小学。但当我走进教室，旁听孩子们正在上的语文课，确实相当吃惊——他们竟然在用图画书上课！老师和孩子们居然在课堂上一起读着、聊着《可爱的鼠小弟》(*Little Brother Mouse*)、《猜猜我有多爱你》(*Guess How Much I Love You*)、《爱心树》(*The Giving Tree*)、《我有友情要出租》……简直不可思议！

　　请原谅我的大惊小怪。在小学课堂上使用图画书，本不算什么新鲜事，在西方国家、在日本都很常见，即使在海峡彼岸的我国台湾地区，大家也早已习以为常。但在 2007 年的中国大陆，的确很新奇。当时大多数成年人，包括家长和教师，对图画书非常陌生。即使有的人略有所知，也通常很顽固地认为那不过是学龄前幼儿的读物。也曾经有一些先知先觉的教师，尝试将几种经典图画书带入课堂，引导学生阅读，但往往会遭遇来自家长和校方的强大阻力，这样的阅读活动要么夭折，要么只能在非常有限的范围内勉强维持。但当时在后海小学，图画书的阅读活动不但在大张旗鼓地进行着，而且还纳入学校日常的课程设置中，甚至形成了一种风气，孩子们还纷纷创作起自己的图画书作品，有些作品竟然还正式出版了！怎么不令人惊讶？

　　后海小学与图画书的结缘是一个有趣的故事，故事要从 2004 年开始说起。

2004 年末，后海小学的袁晓峰校长到北京参加一个教材编写会议，恰好遇上了人民教育出版社的编辑王林。王林是国内首届儿童文学博士，同时也是一位执着的儿童阅读推广人，一直致力于将儿童文学引入小学语文教学的推广活动。在闲谈中，王林博士说起一个图画书故事，这是一个海峡两岸的阅读推广人都特别爱说的故事，名叫《花婆婆》。故事梗概如下（引自《图画书：阅读与经典》，二十一世纪出版社，2007）：

　　当花婆婆还是一个名叫艾莉丝的小女孩时，常常坐在爷爷的腿上听他讲故事。每次爷爷讲完故事，她就会说："爷爷，我长大以后，要像你一样去很远的地方旅行。当我老了，也要像你一样住在海边。""很好，"爷爷笑着说，"但你一定要记得做第三件事，做一件让世界变得更美丽的事。"

　　艾莉丝很快就长大了。

　　她去了一座真正的热带小岛，还爬过雪山，走过沙漠。当她从骆驼背上摔下来以后，她在海边买了一座小房子住下来。"对了，我答应爷爷，要做一件让世界变得更美丽的事，但是做什么好呢？这世界已经够美了。"她面对大海，不断地想着这个问题。

　　冬去又春来，她爬上山顶，发现那里开满了一大片蓝色、紫色和粉红色的鲁冰花。于是她买来了一大包鲁冰花的种子，一路走一路撒，撒在了公路和乡间的小路边，撒在了教堂后面，撒在了空地和高墙下面。第二年春天，这些种子几乎同时都开花了。她终于完成了第三件事，也是最困难的一件事。

　　她现在已经非常老了，头发也白了，可她还是在不停地种花，每年都开出更多更美丽的鲁冰花。

人们都喊她："花婆婆。"

袁校长是一位执教多年的中学高级教师，以前并没有接触过这种通常被划归幼儿读物范畴的图画书。那天，她也没想到自己竟然会被一本图画书的故事深深打动。故事背后的寓意似乎显而易见，但又意蕴深长。于是他们热烈地讨论起小学语文教学与儿童阅读的话题，越谈越投机。袁校长也是一位具有现代教育观念的实干家。她对语文阅读教学过于程式化、少趣味和单调重复感到困惑，一直以来也在寻找引导学生基于兴趣的阅读的良策。在与王林博士的交流中，她渐渐明确了方向，萌生了推动图画书快乐阅读的计划。

回到后海小学，她说干就干，首先在自己任教的一年级班上开设了图画书快乐阅读课。她选择的第一套图画书是《可爱的鼠小弟》，那是日本图画书踏入世界舞台的里程碑式的作品。选书的眼光当然无可挑剔，但困难却随之而来。原因很简单，因为这种图画书的价格不菲，如果要在课堂上使用，孩子们的书从何而来？袁校长立刻邀请家长委员会的成员来商量，争取到家长们的支持，并商定由家长自愿想办法去购书。

后海小学的图画书阅读课就这样开始了。课堂上先从一本书、一个故事开始，虽然有一定的困难，但美妙的故事让孩子们着迷，甚至疯狂了。因为事前的沟通做得好，家长们也很配合，陆续为孩子们买来了书。在学校、在家庭，孩子们一遍遍体验图画书带来的快乐，他们前所未有地兴奋和活跃起来。大人们发现，原来孩子们是如此热爱阅读。

受到最初成功的激励，后海小学逐步将图画书阅读纳入全校性阅读计划中，这个过程大致经历了这样的四个步骤：

第一步：纳入校本课程，制定课程目标。他们把"图画书快乐阅读"排入课表，每班每周一节。另外还开办课外阅读兴趣班、创作兴趣班，并辅以周末故事妈妈、故事天使和故事宝宝讲图画书活动。

第二步：与家长达成共识。鼓励家长们在家庭开展亲子阅读，到学校和孩子们一起阅读。

第三步：在专家引领下挑选阅读材料。包括利用各种机会让孩子们与作家、阅读专家面对面交流。

第四步：和孩子们一起快乐阅读图画书。教师们以"儿童本位，兴趣为先"作为指导理念，综合运用参与式、开放式、互动式、拓展式等课堂教学方式，与孩子们共读图画书。

经过近三年的实验和推广，后海小学逐步探索出了一种有效的图画书快乐阅读教学模式，并且声名远播，吸引了延安、武汉、洛阳、贵州惠水等地的小学签约交流合作。2006年底，新加坡四德小学也来校访问，并签订了"图画书快乐阅读"校际合作协议。2007年初，王林博士、袁晓峰校长与实验小组的教师们共同合作，出版了《图画书阅读——引领孩子快乐成长》，及时总结经验，对于在小学如何开展图画书阅读教学颇有参考价值。

在阅读活动中，后海小学的孩子们还自写自画了大量图画故事。这些故事虽然还相当稚嫩，但其中也不乏精彩的创意，而且童趣十足。老师们从中精心挑选了一批，结集出版了两册"儿童自创图画书"：《小老鼠如意》和《我最棒》（海南出版社，2007）。

故事至此告一段落。袁晓峰后来在校长岗位退休后，一直活跃于国内阅读推广的第一线，而且还华丽转身为颇有实力的原创图画书作者，此为后话。

从 2002 年开始，我也一直致力于向学校、向社区或直接面向家长们推广儿童阅读，主要是推广有关儿童文学阅读的理念和方法。在推广过程中，最为困难的是学校这一环节。虽然其间也不乏一些成功的经历，但大部分是失败的经验。因此，当时后海小学的成功案例就显得更为珍贵了。

曾经有过类似推广经历的人应该不难体会，在学校开展一两次有益的阅读活动并不困难，但要推动日常性的阅读活动，特别是开展真正意义上的儿童文学阅读活动，则困难重重。无论是在课程设置、教学模式和教育理念等方面，还是在非常实际的资金和图书来源、时间与人员安排等方面，似乎随处都是无法解决的困难。可是，仔细想一想后海小学的案例，这些困难是如何被解决的呢？为什么在别的地方是天大的难事，而在这里却变成了赏心乐事呢？

下面，我将沿着大卫·刘易斯所提供的生态观的思路尝试寻找答案。

▶ 图画书的生态观不仅仅是一个比喻

在大卫·刘易斯于《阅读当代图画书：图绘文本》中隆重推出他的"图画书的生态关系"观点之前，他很慎重地解释了如此借喻的合理性：

生态学是生物学的一个分支，研究生物与其所赖以生存的环境之间的关系。在生命科学领域内的生态学研究，不是研究单一的生物体，而是研究生态系统，因为在现实世界中并不存在脱离其所依赖的环境而超然存在的生命。鸟、昆虫、爬行动物和细菌，和人类一样，并不仅仅存在于一个环境中。它们都是环境的一部分，影响着环境，也受环境的影响。也许正因为如此，我们不必奇怪，这个术语经常被非生物学家借用，以比喻的方式移植到许多不同的学科中。这种转借适合于研究某一领域的不同部分，或某一过程中的不同因素，它们具备相互作用和相互影响的特征。

刘易斯接着举例指出，人类学家、心理学家、社会语言学家都有成功借用这一术语的先例，而他将其用到图画书的研究中，主要是借用生态学概念中的灵活性和复杂性。

我们看到，刘易斯在这里主要是一种借喻：**将图画书看作一个环境，而将图画和文字看作这个环境中的生物体，它们之间、它们与图画书整体之间构成了一种相互作用和相互影响的关系，这种关系具备灵活性和复杂性。**

这个比喻确实很聪明，但很快它也遇到了困难。正如刘易斯在批评音乐比喻时所指出的那样："任何比喻或类比都是有限度的，如果用得太滥或者过于严格地解释，它们必然会出错。"在这个生态学借喻中，还有一个很重要的部分很难找到合适的位置，那就是读者。刘易斯反复强调，图画书中的图文关系不是自在的固有关系，而是依赖阅读事件触发的，也就是说，完全取决于读者如何把它们读出来。可问题在于：**读者并不是图画书的一部分！**

沿着这个思路继续下去。读者与图画书之间，在阅读的过程中，同样存在着相互作用与相互影响的关系。一部作品会影响一位读者，而一位读者也会影响一部作品，正所谓"一千个读者有一千个哈姆雷特"。而读者与图画书也存在于一个共生的环境中，他们不可能脱离这种环境而超然存在。这一环境就是图画书的阅读环境。我们同样可以借用生态学的方法来研究这种关系。实际上，在上一章中介绍的尼娜·米可森的研究方法，就向我们揭示了孩子与图画书之间那种灵活、复杂而迷人的关系。

还可以再继续下去。在现实世界中，某个读者阅读某一本图画书，从来都不是孤立的个别事件，这一过程可能受很多因素的影响。在家里读，还是在学校读？是因别人的推荐或要求而读的，还是自己发现后去读的？是自己读，还是别人读给我听的？书是买来的，还是借来的？等等。如何看待这些因素呢？

我曾经送给一位朋友一套《可爱的鼠小弟》，请她回去读给孩子听。后来她给我讲了一个家庭小笑话。她说，那天把书拿回家准备读给孩子听时，丈夫也过来捧起了书，当他看到这套图画书由大量的空白和很少的文字组成，而定价却相当不菲（当时的单本定价 18 元）时，立刻皱着眉头说："买这么贵的书，真不值！"妻子赶忙解释说，这是朋友送给他们孩子的书。丈夫这才点头说了声"那还差不多"，然后好奇地读了起来。

我一直没有把这件小事仅仅看作一个笑话。它其实提出了一个很值得思考的问题：在图画书的阅读活动中，图书资源的获取方式是否会影响阅读效果？我认为答案是肯定的，而且在某些场合甚至可以上升为关键的影响要素。在美国这样的经济发达国家，儿童阅读图画书非常盛行，但大多数读者是通过从公共图书馆、学校图书馆借阅的方式免费阅读的。试想，如果一个中国的普通工薪家庭，只能依靠购买的方式来供给孩子阅读，不得不承受相对昂贵的图画书价格，那么这样的阅读会是一种怎样的心情？

因此，再回头看看后海小学的案例，你会发现这样的事情率先发生在深圳并不出奇，因为相对于中国的大部分地区，深圳的高收入与高学历的家庭比例是很高的。但这并不等于说，这个因素在后海小学的阅读案例中就一定具有决定性作用。

借用生态学的视角，我们可以把后海小学整体看作一个图画书的阅读环境。所谓整体，既包括了教学资源的硬件和软件，还包括了教职员工、学生及其家长。如果以"如何优化和改善后海小学的图画书阅读环境"为研究课题，就需要逐个研究这个环境中的每个部分、每个要素，分析它们之间的相互关系，找出其中重要的影响因素，提供办法给予优化和促进。

这样的思路还可以继续延伸下去，需要研究的，不仅仅是一个小学的问题，也不仅仅是图画书阅读的问题。

显然，它不再是一个简单的比喻，而是一种从生态学中借用过来的方法，可以尝试解决在儿童阅读的现实问题上所面临的困境。

生态学是一种思路和方法

本书并不试图构建一门"儿童阅读生态学"，虽然这并非完全不可能。关于生态学，动物学家、自然史作家大卫·布林尼（David Burnie）在《生态学》（*Get a Grip on Ecology*，生活·读书·新知三联书店，2003）中是这样介绍的：

1866 年，博物学家**海克尔**（Haeckel）最先提出了生态学这个词——德语中写作 Oecologie。他将希腊文中的 oikos（意为家或家园）和 logos（同样是希腊文，意为各种学科研究）拼合在一起，造出生态学（ecology）这个词。从字面上解释就是：**生态学是对家园的研究**。

从词源上看，似乎与自然界没有多少关系，但海克尔实际上扩大了对 oikos 的诠释，他关注所有的生物。在他定义的这门学科里，没有把不同的物种视作彼此毫无关联的单个事物，而是密切地观察各个物种与其生存环境——或者称之为"家园"——及其他物种之间是如何相互影响的。

海克尔的定义准确的表述是：生态学是研究生物与其环境相互关系的科学。他所指的环境包括非生物环境和生物环境两类。1966 年，美国生态学家和教育家罗伯特·L. 史密斯（Robert L. Smith）认为"ECO"代表生活之地，因此生态学是研究有机体与生活之地相互关系的科学，所以又可把生态学称为环境生物学（environmental biology）。而著名生态学家奥德姆（Eugene P. Odum）在《生态学基础》（*Fundamentals of Ecology*）一书中，认为生态学是研究生态系统的结构和功能的科学。

在诞生后的 120 多年间，生态学逐渐扩展到自然科学的许多领域，产生了几十门分支学科。接着又跨越了自然科学与社会科学之间的鸿沟，与一些社会科学交叉渗透，从而产生了人类生态学、人口生态学、社会生态学、经济生态学，乃至教育生态学。1976 年，美国哥伦比亚师范学院院长劳伦斯·克雷明（Lawrence Cremin）在《公共教育》（*Public Education*）一书中提出了教育生态学（educational ecology），如今它已成为一门独立的学科。

将生态学引入教育学研究中，有哪些原理和方法可提供有效的帮助呢？对此，不同的学者有不同的思路和提法。如范国睿在《教育生态学》（人民教育出版社，2000）中所说："从根本上讲，贯穿于这些原理之中的基本的生态学思想在于：生态系统和生态平衡。"

以教育生态学的研究思路，假设以某个孩子的在校教育状况为考察对象，我们需要了解他所在课堂的生态环境、所在学校的生态系统，还需要站在他所处的整个教育生态系统上去考察，而这一切又离不开他所处的人文化的自然环境、社会环境和规范环境，综合而言，即整体的社会生态系统。

实际上，当我们在讨论儿童阅读的问题时，面临着非常类似的（或者说交叉重叠的）问题。我们不宜将儿童阅读主体作为孤立的个体来看待，应当借助生态学的视角，把阅读主体看作一个"家园"有机的一部分。这个"家园"也存在不同的层次，可以从"一个孩子与一本书"这样的微观阅读环境开始，到孩子在家庭、幼儿园和学校的阅读环境，直到整个社会的阅读环境。这个家园，或者说阅读环境，既包括自然环境，也包括社

会环境和规范环境，当然也就包括了这些环境中所有的人与物，还有观念与规则体系。

借助生态学的思路，再重新观察前述后海小学的图画书阅读案例。回到2004年末的初始状态，这所小学虽然还没有接触图画书，但地处经济相对发达地区，学校的硬件基础不错，而且从校长到教师，在教学思想上锐意进取。另外从大环境来说，小学语文教学改革的呼声很高，儿童阅读推广活动正在兴起，一些地区（如扬州、苏州、北京等地）的阅读教学实验也取得了不少成功的经验。机缘巧合，这所小学的校长通过与阅读推广人王林博士的交流，打开了视野。

后海小学"图画书快乐阅读"的开展步骤，是一个学校教育资源整合的典型范例。实验从一个班级、一套图画书开始，在获得了成功的经验后，再复制到整个学校，同时——也是非常重要的一步——纳入日常课程，将观念付诸规则体系，以确保活动的可持续性发展。资源的成功整合还包括对家长的动员，社会资源的引入。由于产生了很好的社会影响，活动也获得了政府的重视与支持。在2006年12月学校举行的一次图画书教学观摩研讨会上，南山区副区长也欣然出席，并且很生动地为孩子们讲述了一个图画书故事《你看起来好像很好吃》。

不过，与资源整合的成功经验相比，更为重要的经验是学生们对于图画书阅读的热情，这种热情也感染了老师和家长们。大人们前所未有地发现，孩子的阅读竟然可以如此有趣且富有意义，不但孩子们疯狂地迷上了，不少老师和家长也加入了"发烧友"的行列。这种内在的动力，最终促成了活动的成功开展。

异曲同工的思考与实践

【钱伯斯阅读循环圈】

本书第四章详细介绍了"钱伯斯阅读循环圈"的构成。借用生态学的思路，可以说这个循环圈所描述的就是一个缩微的儿童阅读生态系统。

钱伯斯阅读循环圈将儿童阅读描述为一系列过程，它由三个步骤构成：选择、"阅读"和反应。理想的状态是一种良性循环的状态：选择—阅读—反应—再选择—再阅读……在这一循环中，儿童是阅读的主体，而有经验的成人阅读者是阅读过程的引导者和推动者。

循环圈的环境由物理环境（setting）和心理情境（set）构成。物理环境包括图书储备与图书展示的场所、阅读区域、为阅读专辟的时间等等。心理情境是促使儿童发自内心渴望而自主阅读的情境，更为直白地表述，就是为了让孩子热爱阅读而营造的氛围。钱伯斯介绍了一系列方法可培养孩子的阅读热情与习惯，如持续默读、为孩子大声读书、讲故事、阅读记录、拥有图书、作者见面会、鼓励结交书友与笔友等等。钱伯斯还特别强调，大人可以通过主持和引导孩子进行有关阅读的交流，来促成优良的阅读反应，从而实现阅读的良性循环。

这个阅读循环圈符合生态系统的基本特征，它是一个"书·儿童·成人"共生的"家园"，它们共同营造着一个环境。将儿童培养成为阅读者是它的出发点，而相关的成年人在这一过程中也充分受益。还有一点容易被忽视，那就是相关的书（主要是儿童文学作品）也获得了存在的机会，这种存在既包括因为阅读而产生了意义，也包括因为有了阅读的需求而产生了购买的需求、出版的需求。比如前面提到的《我有友情要出租》是来自台湾地区的方素珍、郝洛玟联手创作的图画书，2006年在大陆出版之初并没有引起多大反响，但在校园阅读推广活动中，它常被选为应用于课堂阅读教学的示范读本，颇受师生欢迎，渐渐被广为传播。据《中国出版传媒商报》的报道，2018年5月，这本书已成为国内原创图画书中首例销售超过百万的作品。

【诺德曼的观察】

如果说钱伯斯有关阅读循环圈的思考和描述，主要适用于家庭、学校和社区，那么诺德曼教授的思考则扩展到更为广泛的领域。在诺德曼1996年出版的 *The Pleasures of Children's Literature* 的第六章"意识形态中的儿童"中，他特别讨论了社会文化环境对儿童阅读的影响。（参见《阅读儿童文学的乐趣》，刘凤芯译，台北天卫文化，2000）

比如他描述20世纪80年代中期，童书的销售量在北美地区扶摇直上。"最明显的原因是所谓婴儿潮世代（那些在一九四五年至一九六五年间出生，并形成人口最大部分的人）所生的小孩正要开始读书。再者，婴儿潮世代似乎比他们的父母更愿意，或者说更有能力去购买童书。因为他们许多人一般而言比较晚生孩子，所以很多都已经建立了事业，即使那些较不富裕的，通常也是双薪家庭，因此有较多钱可花在像童书这种相对上来说，比较非必要的东西上。"这种现象与2003年以来中国大陆地区图画书销售的升温颇为相似。

接着，诺德曼还描述了政府政策所带来的影响。"与此同时，政治生态显示各阶层的政府能够花在图书馆上的钱比较少。……到了一九九三年，《出版人周刊》（*Publishers Weekly*）一项调查报告显示，书店卖出的所有童书当中，约有四成是被妈妈们买走的，老师们只买了大约一成五。"由于购买者结构发生改变，而父母往往不是童书领域的专家，童书市场的格局发生了重大变化，除了这些父母小时候比较熟悉的书外，往往只有影视书，还有新角色系列书才有可能畅销。但图画书的出版是一个例外，因为它们"篇幅短得让父母在书店就可以看完、欣赏，并且选择要买"。

另一项政府政策也深刻地影响了儿童文学的格局。"美国政府在1980年代初期，为了鼓励积极的销售量，提高了每年年底囤积在仓库的货物之课税。套用在书籍上，这表示出版社再也无法库存大批图书品种：卖了几十年的书突然间就买不到了。现在，只有卖得好的书才会持续销售。"这一政策导致了图书销售的连锁反应，比如大型连锁书店会向出版社要求相当大的折扣，反过来导致图书定价的提高（为了在低折扣状况下保证利润），因此那些较不常见的书变得风险越来越高。"这些因素统统加起来，就使书种更少了些，孩子能够取得的书种也少了些。获得青睐的书很容易倾向于是那些具有主流口味与价值的书。"

诺德曼在 2003 年再版时，邀请同事梅维斯·雷默（Mavis Reimer）加盟，并特别增加了一章"市场中的儿童文学"，他们指出："成人从业者喜欢说，并且相信，他们生产和销售童书是为了一系列高尚的理由——为取悦和教育儿童、为传承文化等等。这些理由或许说得过去，但需要记住的是，对于生产和销售童书的人来说，儿童文学主要是一种商业。像所有的商业活动一样，其主要目的是给从业者和投资者制造利润。"（引自《儿童文学的乐趣》，少年儿童出版社，2008）基于这样的前提，他们详细描述了童书的创作、编辑、出版、销售与购买链条。可以说，这就是以市场经济视角观察的儿童文学生态链。

【台湾地区的实践】

通过社会各界的共同努力，改善整个地区的儿童阅读环境，最好的案例莫过于台湾地区的实践。2005 年 11 月，应台东大学和台南大学的邀请，大陆儿童文学作家、知名小学语文教师、儿童阅读推广人和出版社代表一行九人组成"儿童阅读访问团"，考察台湾地区儿童阅读推广情况。回来后，阅读推广人王林博士撰写《看台湾的儿童阅读运动——一位童书推广人的台湾之行》一文（载于《中华读书报》，2005 年 12 月 21 日），介绍道：

台湾的儿童阅读运动差不多已有二十多年时间，先是从民间开始的。1982 年台湾有学者提倡"书香社会"的口号，鼓励以书柜代替酒柜；1982 年有热心人士开始在社区推广家庭阅读；

1987年，台北市成立了第一个社区读书会——袋鼠妈妈读书会。1990年"毛毛虫儿童哲学基金会"成立，提倡合作、多元、思考的阅读教学方式。1990年以后，全岛开始推行"故事妈妈"的模式，成立了7个故事妈妈协会（目前据说已经有上千个）。台湾的"文化建设委员会"1996年提出了"书香满宝岛"的计划，1997年成立了第一届读书会的展览会，2000年台湾地区教育主管部门把该年定为"儿童阅读年"，用了很大精力和经费在推广儿童阅读上。目前，儿童读书会遍布台湾，成为很大的社会力量。

台湾远流出版社2001年编辑出版的"亲子共读"专刊，面向普通的家长和教师读者，收录了台湾地区多位儿童阅读推广人撰写的专题文章。首集名为《欢喜阅读》，单看它的目录就觉得非常有意思，文章作者的身份背景分别来自家庭、社区、团体、学校、图书馆、出版社、书店、网站等等。这样的文章构成一方面反映了编辑对于儿童阅读综合资源的理解，另一方面也从一个侧面让我们看到，台湾地区各界人士对儿童阅读活动的深度参与。它们触及了儿童阅读社会生态的方方面面。

台湾地区的人口在2000年时有2200万人（目前有2300万）。根据向剑勤的论文《台湾地区读书会发展演变及其趋势》（载于《图书馆杂志》，2015年第34卷第4期）的介绍，台湾地区民间的读书会在2000年曾高达2146个。而据邱天助所著的《读书会专业手册》（台北张老师文化事业股份有限公司，1997）所述，实际读书会的数目应该远远不止这些。而读书会的成员超过八成以上是女性，主题多倾向于家庭生活与亲子阅读。换句话来说，与儿童阅读相关的读书会数量大约是人口比例的万分之一，大致一个较大的社区就会有一个。

阅读图画书，是台湾地区的儿童阅读推广活动中最重要的一项内容。最著名的两个童书阅读团体——小大读书会与毛毛虫儿童哲学基金会——就是以共读图画书为主题的。据赖素秋在论文《台湾儿童图画书理念流变》（载于台东大学儿童文学研究所《儿童文学学刊》，第10期）中的介绍，1965年9月"中华儿童丛书"开始出版，宣示了台湾图画书出版时代正式开跑，但起跑之路相当漫长。1980年台湾地区的幼儿读物只出版了75本，但到了1987年出版量已达到了553本。统计显示，"台湾的图画书到了九〇年代前后，有了惊人的成长，甚至年出版量，便可抵早期数十年出版量总和"。这些数据从另一侧面反映了台湾地区儿童阅读推广活动对于童书出版生态的影响力。

【合肥石头汤悦读校园联盟】

这个项目名称的创意来自美国艺术家琼·穆特（Jon J. Muth）创作的一本图画书《石头汤》（*Stone Soup*），说的是三个和尚来到美丽山谷中的村庄，历经苦难的村民们如今日子似乎过得还不错，可是他们的心是关闭的，对自己、对邻居都一样，于是见到陌生人连门也不开了。那三个和尚却在村中心煮起了石头汤，穿黄衣服的小姑娘最先来帮忙，接着引来了满怀好奇心的村民们，当他们聚集在一起，试着拿出食物和佐料来分享时，奇迹发生了——他们完全敞开了胸怀，变得慷慨大度，也感到了从所未有的快乐——自然也享受了一顿皇帝也无福享受的石头汤大餐。

项目最初的缘起是2007—2008年间合肥地区的一个多校联动开展的阅读推广活动——合肥屯溪路小学发起、陈一心家族慈善基金会资助的为期两年的"好书大家读"活动。操作的思路看起来很不错：由基金会出资，小学方面邀请老师、学生、家长代表组成的选书团，到新华书店集体选书、购书，买来的书放在学校走廊的流动开放书架上，鼓励学生们随时随地阅读这些书。但在实施一段时间后，他们发现效果并不理想，学生们对这些书的阅读热情并不高，老师也不知该如何引导。他们最初感觉可能是选书有什么问题，大家给孩子买书都爱选经典读物，但如《海底两万里》（*Twenty Thousand Leagues Under the Seas*）这样的科幻经典，一下子买来十几个版本，也不知道该读哪个好。

我和萝卜探长在2009年被邀请参与此项目主要是帮助选书，第一批我们推荐了不太合乎校园阅读"传统"的图画书，当地老师抱着试一试的态度先用起来，结果发现颠覆了他们的印象，师生都迸发出前所未有的阅读热情，老师很愿意借回家读给自家孩子听，学生也很愿意四处传看。在那之后，我们作为阅读顾问正式加入了这个项目[1]。具体情况如图6-1所示。

---

[1] 作者注：详情参见陈一心家族慈善基金会官方网站 http://www.cysffreading.org/63-2/75-2。

合肥旗舰项目不同阶段和目标

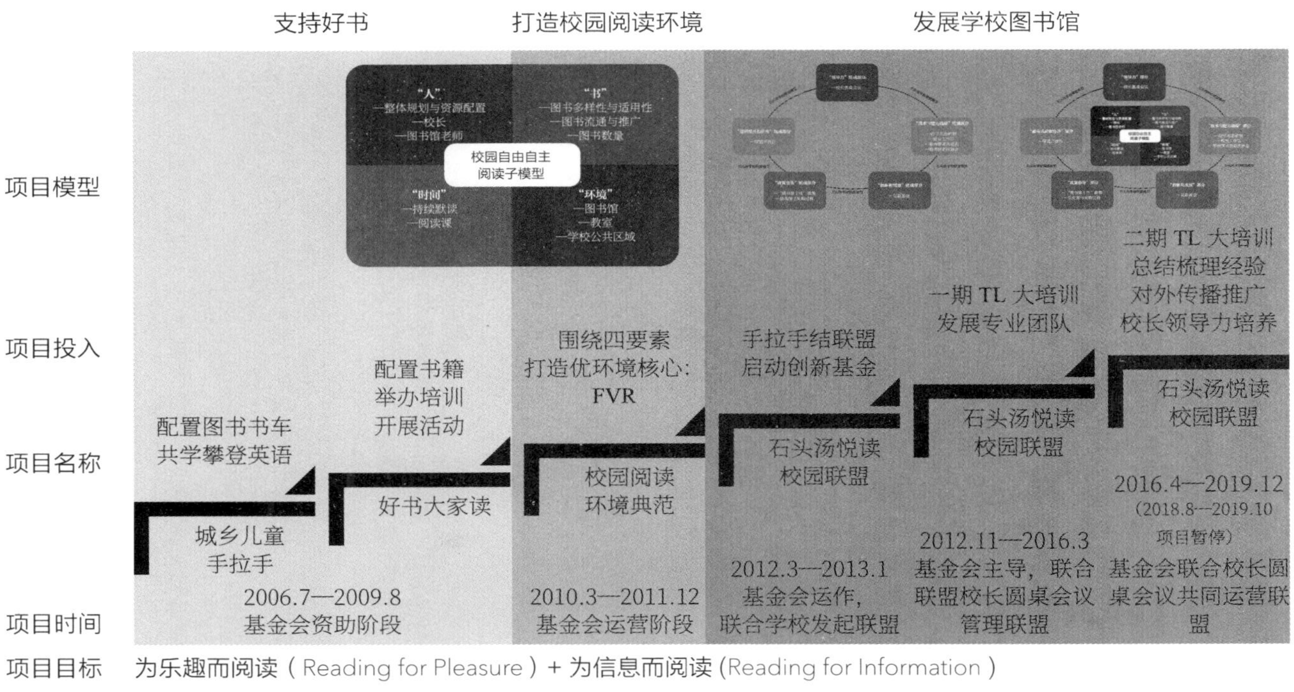

	支持好书	打造校园阅读环境	发展学校图书馆

项目模型

校园自由自主阅读子模型

"人" 一整体呈现为资源配置、一本校长、一图书馆老师
"书" 一图书多样性与适用性、一图书配送与管理、一图书集束
"时间" 一日阅读时间、一阅读课
"场域" 一图书馆、一教室、一学校公共空间

项目投入

- 配置图书车 共学攀登英语
- 配置书籍 举办培训 开展活动
- 围绕四要素 打造优质环境核心：FVR
- 手拉手结联盟 启动创新基金
- 一期 TL 大培训 发展专业团队
- 二期 TL 大培训 总结梳理经验 对外传播推广 校长领导力培养

项目名称

- 城乡儿童 手拉手
- 好书大家读
- 校园阅读 环境典范
- 石头汤悦读 校园联盟
- 石头汤悦读 校园联盟
- 石头汤悦读 校园联盟

项目时间

- 2006.7—2009.8 基金会资助阶段
- 2010.3—2011.12 基金会运营阶段
- 2012.3—2013.1 基金会运作，联合学校发起联盟
- 2012.11—2016.3 基金会主导，联合联盟校长圆桌会议管理联盟
- 2016.4—2019.12 (2018.8—2019.10 项目暂停) 基金会联合校长圆桌会议共同运营联盟

项目目标 为乐趣而阅读（Reading for Pleasure）+ 为信息而阅读（Reading for Information）

图 6-1：合肥石头汤悦读校园联盟项目发展进程

如第三章所述，2010 年开始实施的"校园阅读环境典范"项目主要侧重于校园阅读环境的打造，努力改善每个项目学校自身的阅读生态，并且尽量做到互相学习和促进，而这部分的实施深受"钱伯斯阅读循环圈"的影响。2012 年 3 月，"校园阅读环境典范"的 8 所发起校携手发起"石头汤悦读校园联盟"，很快得到另外 7 所学校的响应。同期举行联合联盟校长圆桌会议，圆桌会议每一到两个月举办一次，旨在由本地骨干学校牵头策划并推动联盟学校的共同成长，其运作方式如图 6-2[1] 所示。

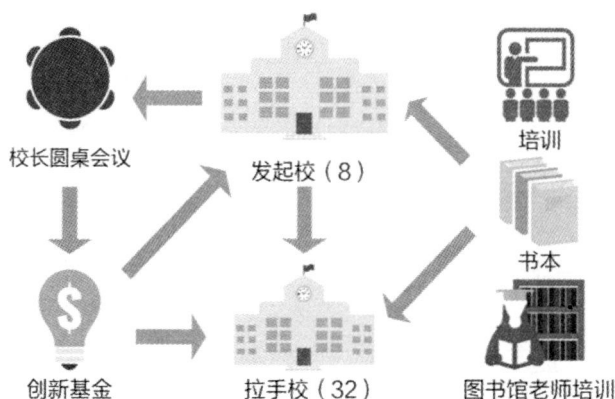

图 6-2：合肥石头汤悦读校园联盟项目管理机制（2020 年）

随着这种学校自主管理机制的逐渐成熟，当地教育体育局

[1] 作者注：详情参见陈一心家族慈善基金会官方网站 http://www.cysffreading.org/63-2/77-2。

也积极参与进来，与基金会联手合作，通过提供培训、优质的图书、图书馆老师培训支持联盟发展，越来越多的学校参与进来，到 2021 年已有 45 所学校加盟。这不仅仅是 45 所学校的师生，还有相关的许多家庭与社区。有些项目学校最初只是教育片区中的普通学校，但在具有阅读特色之后，加上毕业生口碑快速提升，几年后就成为入学招生的热门学校。成立于 2010 年的合肥望湖小学，从一开始就以鲜明的阅读特色打造校园文化，整个校园成为典型的"图书馆中的学校"，在 2015 年被文化部评为"2015 最美基层图书馆"，也是全国中小学校唯一获得这一奖项的学校。

虽然目前尚无直接证据证明"石头汤"项目改变了合肥地区的阅读生态，但有些可喜的变化很可能与"石头汤"项目具有正相关性。比如根据《江淮晨报》2014 年 4 月 2 日的报道《合肥亲子阅读刮起"绘本风"》，当年国际儿童图书日到来之际，"市少儿图书馆内绘本供不应求""《猜猜我有多爱你》一度脱销"。又如新华网 2016 年 7 月 4 日的报道《合肥荣登 2016 年中最爱阅读城市榜首》，提到在亚马逊中国发布的 2016 年中最爱阅读城市榜上，合肥位居榜首！这是一个以公开数据为依据的榜单，因为它是根据上半年各城市图书销量在该城市所有产品总销量中的占比排出的，至少可以看出该城市居民的购书热情。

在生态学领域，有一个很有趣的名词叫"蝴蝶效应"(butterfly effect)，用气象学家艾德华·洛伦兹（Edward Lorenz）的话说，就是"任何细微的搅动——例如蝴蝶扇动双翅——最终都有可能导致与之不成比例的重大反应"（引自《生态学》）。夸张地说起来可能是这样的：亚马孙流域的一只蝴蝶轻拍翅膀，可以导致不久后太平洋西岸的一场海啸！"蝴蝶效应"一词因好莱坞的一部同名科幻惊悚片而在全球尽人皆知。从某种角度说，儿童阅读推广的日常活动就类似于这种"蝴蝶效应"。表面上看，只不过是将个别孩子与书联结起来，读书、讲故事给一个或多个孩子听，但只要有合适的"生态条件"，也可能导致"不成比例的重大反应"。

儿童阅读社会生态圈

📖 买书的故事

阅读需要书，购书需要钱。钱从哪里来呢？这个问题看似与阅读本身没有直接关系，但可能对阅读生态产生深刻的影响。

2006 年 9 月 29 日的《中国青年报》有一篇署名记者周之江的报道《政府招标难堵劣质图书进校园》，文中介绍："（贵州省）金沙县一中图书室所藏 6 万册图书，超过六成是非法出版物，一些还涉及迷信、色情内容；罗甸县两所学校，近 4000 种为一号多书或一号多种系列图书；紫云苗族布依族自治县的几所中学，数万册有明显问题的劣质图书摆上了书架。"更加令人震惊的是，这些学校都不是自己购进图书的，而是由政府拨款，政府采购中心以公开招标的形式采购的！

记者采访了有关人员。据教育主管部门的人士解释，近年来学校大量购书，主要是为了应付"生均图书册数"的验收指标，而贵州省是个贫困省，很多县财政穷得叮当响，这导致的直接后果就是：各地政府均竭力压低招标的"折扣"。这就为一些不正当经营的书商提供了机会。以罗甸县为例，中标价仅为 3.25 折，远低于图书市场价格。一位新闻出版监管官员说："正版书的国家税收在 20% 以上，加上稿费、印刷、装订、储运等费用，光成本就超过了 3 折。招标就是要以最少的钱买进最多的物，这个观念深入人心。政府采购部门没有考虑到图书是一种特殊商品，买书不能等同于买萝卜白菜。"

贫困真的是理由吗？

英国是老牌经济发达国家，其人均藏书与购书数量位居世界前三甲。在《打造儿童阅读环境》一书中，钱伯斯同样谈到了购书资金的问题。"似乎没有学校有足够的钱或足够的书能适合学生阅读需要和课程需要，所以每所学校都不得不寻找其他资源来扩充藏书。"钱伯斯建议学校不必只在有限的预算内想办法，而应当多方联系一些家长或教师协会，通过向慈善基金申请来筹措购书资金。

另一位研究者珍妮特·艾伦（Janet Allen）说，她考察过的藏书量最大的一所小学，很大一部分藏书来自"纪念图书"。当地的社区为了纪念某个日子或某位人物，会购买一些书向学校捐赠。而当地书店里有许多图书是学校图书馆所没有的。于是，图书馆会与社区联系，根据馆藏书目和书店书目开列书单，确保受捐赠的图书是学校所需要的。"正如学校选书时应该吸纳学生和老师参与，在获取来自外界的购书经费支持时，吸纳更大范围的社团参与也是一项重要的计划。"

台湾作家方素珍也是一位著名的阅读推广人，她给我讲过一个有趣的学校购书的故事。

据说，在台湾有一所小学为了开展全校性阅读活动急需购入一批图书，可是学校并没有这样一笔预算。怎么办呢？有人建议，向学校所在的社区筹集善款。帮助社区居民的子弟们爱上阅读，是功德无量的善事，一定会得到大家的支持。于是学校印制了一批宣传单，介绍这项阅读活动的初衷和实施细则，然后在社区散发。活动立刻引起了呼应，特别是得到了学校周边店铺老板们的支持。开展募资活动的老师们也很聪明，他们为捐赠设定了合理的限额，一家店铺只需捐赠 5000 元台币，这对于单个捐赠者来说数目不大，但积少成多。通过这样的宣传、募资活动，不但筹集到足够的购书资金，而且还广泛宣传了儿童阅读理念，充分调动了社区居民的积极性。在阅读活动告一段落时，学校专门组织了阅读成果汇报和表演会，面向社区的公众开放。居民们热心参与，当地官员也欣然出席，老师和孩子们都很开心，整个活动变得就像一个社区的节日。

在大陆，如此富有启发的故事也越来越多。

2003年5月，一群年轻人在上海发起了一个名为"微笑图书室"的计划。他们本是一群自助旅行者，在网络上、旅途中相遇相识，他们一次次路过边远贫困地区，感受着那里人们赤贫的状况和孩子们求知的渴望。在那些地方，到中小学就读的孩子往往需要跋山涉水、几经苦辛，可踏进校门，还是不得不面对除了教科书外无书可读的困境。他们决定行动起来，通过各种方法筹措资金，为能联络到的学校配备一间小小的图书室。

多年来，这项计划虽然面临重重挑战，但仍然在顺利进行。实施这种计划并不像看上去的那么简单：一方面，需要获得捐赠人的信任和支持，募集到一定资金；另一方面，还需要与偏远地区的学校取得联系，了解需求，同样要获得信任和支持。与这两方面联系确认后，还需要精心挑选，在非常有限的经费条件下，选购尽可能合适且尽可能多的图书，再寄送到目的学校。不仅如此，在确认学校收到图书后，还需要考虑通过义工的联络和回访，促使这些书能够上架，供孩子们阅读；如有可能，还要考虑为学校的老师提供相关的培训，提高老师在儿童阅读指导方面的能力。只有把这些环节尽可能做好，才有可能真正对孩子们的阅读提供帮助。

在短短几年中，这群年轻人完全利用业余时间，凭借一腔热情，为 70 所边远地区的学校配备了近 5 万册的图书，部分来自直接的捐赠，部分通过善款购置，所购置的图书绝大部分由专业童书书店提供支持，以确保这些图书适合目的学校孩子们的阅读趣味和成长需求，大大提高它们的阅读使用率。"微笑图书室"的事迹引起了社会各界越来越多的关注，越来越多的个人、社团、企业热心地加入到这项计划中。我很有幸从一开始就参与其中。有关它的详细情况可查询"微笑图书室"网站[1]。

诞生于 2004 年的"担当者行动"是另一个故事，一位厦门的大学教师带领学生与朋友组建的团队，从最初带有研究性的乡村基础教育调研开始，在多年研究的基础上，提出了"班班有个图书角"的项目设计，确定了精选高品质儿童图书、分级阅读、标准化的公益产品特色，并且计划以大规模、可复制的公益行动，开启中国乡村儿童阅读助学的实践。

"担当者行动"购书的款项最初是 2008 年几位早期发起人凑足 3000 元开始启动的，根据其官网[2]的介绍，"截至2021 年 12 月底，担当者行动共在全国 31 个省 / 直辖市 / 自治区 211 个市 575 个县，7577 所学校，建立了 59923 个班级图书角、401 个美育教室阅读专区、21 个少儿阅读活动中心，给 300 多万学生送去 450 多万册高品质童书。捐赠额从最初的3000 元，累计突破 1.2 亿元"。回头来看，这确实算得上一

---

[1] 作者注：微笑图书室官方网站 smilinglibrary.org。
[2] 作者注：担当者行动官方网站 https://www.dandang.org。

个奇迹。之所以取得如此成绩，除了公益团队的热情与投入外，还有赖于他们选择了公开透明的公益企业管理模式，并且自始至终坚持尽可能最优品质的童书选品，渐渐树立了有公信力的品牌，因此能在社会上广泛募集善款与图书捐赠。另外，扎根县域乡村基础教育一线，有意识地构建相关生态体系，也是"担当者行动"成功的宝贵经验。他们"联合当地政府主管部门、教育局、校长、成长起来的种子校长／种子老师的共同力量，为项目服务学校提供长期、系统的高品质阅读教育办学服务，支持学校打造高品质的书香校园儿童阅读环境"，这些也是确保项目可持续发展的有效思路。

"担当者行动"之"班班有个图书角"《乡村小学分级阅读书目研制思路》（2022版）

起草人　阿甲

乡村小学分级阅读书目研制思路（2022）

★基本理念

1. 儿童本位：童年是人生中很重要且很独特的成长阶段，孩子的成长需要特别的精神营养。基于儿童自身成长的需要（而非成人一厢情愿的需要）为他们准备适合且丰富的书籍，不仅是对孩子的理解和关怀，而且是对他们的权利最基本的尊重。与孩子们朝夕相伴的图书角书目必须首先能让他们喜欢，进而唤起对阅读本身的兴趣，激发其好奇心，让他们乐于投入其中并与同龄人分享。书目中特别推崇的优秀童书，在与儿童心智发展相匹配的同时，也往往具有一定挑战性，在增长见识、启迪智慧、构建健全人格方面颇有助益。

2. 丰富多元：每一个孩子都是不同的。回看童年，成长具有无穷的可能性。为孩子准备的书籍，需要尽可能多一些、杂一些。虽然图书角的70册图书很有限，但我们还是努力涵盖儿童阅读需求的方方面面，有图书形式的不同，有难度、趣味的不同，有虚构与非虚构的不同，有知识门类的不同，有文化背景的不同，也有与儿童成长关注主题的不同，既有重点，也有尽可能全面的兼顾。

3. 时间考验：童年时的阅读往往能影响人的一生，因此阅读书目的推荐要关注其影响的持续性。尽管图书角藏书有限，但我们会优先推荐能经得住时间考验，能给孩子的成长留下深刻印象的图书，其中包括古今中外的经典作品，也包括在我们长期的阅读推广实践中深受师生喜爱并常读常新的优秀童书。

★配置原则

1. 粗分年级与阶梯推进：童书中所包含的智力因素、心理因素与社会因素等，往往对于成长中的孩子自然构成阅读难度差别，不考虑个体差异的话，童书大体有一个与年龄相应的阅读难度阶梯。但在有成年人引导的条件下，比如有成年人的朗读或相关背景介绍，阅读难度会大大降低；小读者的强烈兴趣也能在一定程度上"削减"难度。

面向校园的图书角书目根据学校的年级粗略划分，主要是为应用者提供方便的抓手。分年级标准参考了国内外阅读分级的相关成果，但更多来自长期阅读推广实践中积累的经验。我们也很清醒地认识到在实际应用中可能面临的差异状况，特别是同一年级学生中的能力与兴趣差异。所以，阶梯推进的原则不仅仅适用于逐级升高的年级，也包括在同一年级中，需要准备不同难度阶梯的读本。

2. 趣味先导与必要引导：在同一年级的图书角书目中，首先需要准备一批直观上就非常有趣，能让孩子们直接拿起来就读的"零距离"图书，通常是图画书、漫画，图书设计形式特别友好、内容一读就能读进去的儿童文学和知识类图书。这也是考虑到在图书进入班级之初，教师有可能暂时不具备一定阅读引导能力的情形。

但要帮助孩子爱上阅读，还需要有经验的成人读者的引导。图书角书目中占据相当分量的作品需要大人来"推一推"——朗读片段、介绍背景或开展推介活动，通常这类图书的阅读难度并不大，只是因为陌生而难以被造访，孩子一旦开始阅读，就可能会喜爱。但我们还会推荐比例较小的"挑战级"作品，通常是颇有厚度或深度的经典，即使大人帮助破冰，孩子也可能不太容易进入。阅读这类作品常常能给人带来深远的影响，所以对学生或教师，都是很值得挑战的。

3. 侧重故事与全面拓展：图书角书目的首要目的是尽可能帮助孩子们爱上阅读。天下可能有不爱阅读的孩子，但没有不爱听（读）故事的孩子。所以书目中占最大比重的是虚构类作品，即使是非虚构的知识类读本，也常常以故事的形式呈现。

无论虚构类还是非虚构类童书，实际上都富含知识，书目的选择强调内容全面、搭配合理，尽量涵盖现代社会生活需要的各个方面，努力为乡村孩子提供一套营养合理均衡、能够满足少儿成长基本需要的课外阅读营养套餐。从知识类的分类来看，也尽可能照顾到自然、科学、人文、艺术等多个领域。

4. 注意城乡差异，适应深层需求：图书角书目主要面对乡村孩子。考虑到目前城乡教育的实际差异，书目中的适读年级会比通常城市儿童图书推荐的适读年级相对调低一两个年级。另外，对于城市背景和色彩过于强烈，或者以城市生活为理解基础和认识基础的图书，也会慎重推荐。同时，我们会适当增加鼓励观察自然、亲近自然的童书。

但抛开社会与文化背景的差异，全世界的孩子在"真善美"的感受力上都是相通的，而且比成年人更为开放与包容。所以图书角书目中会尽可能选择世界范围内的经典童书，能超越时空，反映普遍的人性，展现爱与被爱的渴望，表达奋力成长的欣喜，适应儿童的深层需求。

5. 因地制宜，灵活调整：国内的童书市场变动较为频密，而且受销售渠道的影响，许多童书常常以较大的套系呈现，以全套系的方式选入小型的班级书目这一做法不太可行。在经过十几年的"班班有个图书角"项目的推广运作后，我们可以颇有把握地让书目更具弹性以适用各地具体情况。如在大套系中选择具有代表性的品种，或将适合的小套系拆分到不同的年级，尽可能选择品种相对稳定的出版机构，为长期稳定且行之有效的品种标注白名单。同时，也准备好一定比例的后备书目，必要时可调整替换。

6. 保持新鲜度与成长性：每个时代的孩子都是随时代成长的，童书也处在不断适应性的变化中。尽管这个图书角书目更偏好能经得住时间考验的作品，但也必须保持一定的新鲜度，引入新作品，尝试新的挑战。每一个时期的新版书目都会有一定比例的新入选作品，这也是我们与孩子们共同成长的一种方式。

▶ 儿童阅读社会生态的影响因素

不管你是否喜欢，我们正生活在一个消费的时代。拿20世纪六七十年代出生的人来说，我们的上一辈在需要某样东西时还会倾向于说"想办法做一个吧"，而如今我们已经只会考虑"去买一个"。生活变得如此仓促，而消费品无处不在，"去买一个"显然成本更低。而对于更为晚近出生的新生代而言，他们已经把"买一个"变成了天经地义的事情，消费，消费，再消费。

虽然在理论上，儿童阅读可以被理解为一种社会性的活动，但纯粹儿童阅读的话题，很少在社会公众层面被关注、被探讨，除非与消费密切相关。比如一位儿童文学作家能为公众知晓，在大众传媒中被广为传播，主要是因为他（她）出版的书被卖得足够多。当人们想了解一家儿童读物出版商的情况时，会问"它去年的出版和销售码洋有多少？"；对经销商也一样。在消费时代，经济上的强势常常很自然地导致了话语权上的强势。因此，在社会公众层面，消费界的明星被重点关注也就不足为奇了。

我们常说，孩子是未来的建设者，社会的希望。这在过去，主要代表了一种人文理想，而在今天更具现实意义。孩子们变得不仅对家庭，而且对国家的各种决策机构都重要起来，因为他们对于经济的影响力越来越大。安妮·萨瑟兰（Anne Sutherland）与贝思·汤普森（Beth Thompson）在他们合著的《儿童经济》（*Kidfluence*，中信出版社，2003）的导言中写道："……**孩子即意味着商机**。这是一个号称有着1150亿美元购买力的市场（仅就北美而言），孩子们以前所未有的程度和全新的方式在影响着他们的家庭和各种商业活动。"根据2020年六一儿童节发布的《全民阅读视角下的少儿阅读观察》研究报告，以2018年的大数据统计来看：中国每年出版童书4.4万多种，总量世界第一；童书年总印数达8亿多册，在销品种30多万种，销售总额200多亿元人民币，出版年产值连续20年实现两位数增长，成为拉动并提升中国出版业持续发展的一支"领涨力量"。

进入21世纪以来，在中国，儿童阅读日益受到公众的关注，除了社会各界对儿童成长一贯寄予的厚望之外，更重要的原因在于，在整体经济高速发展的状态下，它可能带来的巨大商机日益显现。近年来，当图画书作为一种新型出版物在中国大陆渐渐普及开来时，出版界人士戏称它为"儿童出版界的最后一块蛋糕"。怀抱着不同的目的，越来越多的社会力量主动参与到儿童阅读中来。

儿童阅读的社会生态圈，其实早已有之，但在今天显得更为清晰、更为活跃。要想描述这个社会生态圈的构成，我认为最好的切入点不是"**读书**"，而是"**买书**"。

沿着这样的思路，考察对儿童阅读的社会生态圈产生主要影响的因素，大致可归结为这样一些问题：

·谁在创作童书？

·谁在生产童书？

·谁在销售童书？

·谁在购买童书？

· 谁在影响购买童书？

· 已购买的童书如何供孩子阅读？

特别说明，以上所说的"童书"是相对宽泛的概念，主要是指专门为儿童准备的书，但也包括并非为儿童专门准备却也适合儿童阅读的书，实际上这两者的界限常常比较模糊。比如台湾画家几米创作的绘本，通常被视作成年人的读本，但它们最初是以童书的形式出现的，并获得过相关的童书奖项；又如法国作家圣－埃克絮佩里（Antoine de Saint-Exupéry）的《小王子》，虽然是公认的经典童话，但近年来拥戴它的读者更多的还是成年人。对具体的阅读而言，这种界限并不重要。

（一）谁在创作童书？

说起童书的创作者，我们通常想到的是作家与插画家。在一般人的印象中，这是个多少有些"神秘"的群体，他们凭借灵感与才华创造出迷人的精神世界。他们最经常被公众问及的话题是："你的灵感从哪里来？"

不过，童书的创作者是书籍创作者中相对寂寞的一群人，儿童读者极少会关心"这本书是谁写的"，大人对于童书则更为粗心。王泉根主编的《中国新时期儿童文学研究》（河北少年儿童出版社，2004）中提到："2001 年中国作家协会有 6442 位会员，其中有 500 多位儿童文学会员作家，加上各省、市、自治区作家协会中的儿童文学会员作家，已经达到 3000 余人。"这是个相当可观的数字。但有趣的是，一般的读者很难说出其中

3位以上作家的名字，即使能说出名字也往往是因为其创作的书在市场上销售得足够多、在媒体上曝光的次数足够多，想不知道都困难。换句话来说，公众对于童书的创作所知极少。

在传统的印象中，作家是自由创作者，他们有独特的兴趣和个性，充满激情，想写什么就写什么。但实际上在消费时代，这种印象早已过时。作家创作的作品，如果不事先考虑读者的需要、市场流通的可能性，则作品出版的机会甚为渺茫，即使出版也可能完全沉寂。比如在一个时期的市场上，儿童诗歌、儿童剧、儿童历史小说等种类的书近乎滞销，作家即使创作出再优秀的作品，也可能无人愿意出版。依赖写作而生存的作家，渴望成功的创作者，会不由自主地密切关注儿童时尚的变化。在作家写什么和怎么写的问题上，出版社的编辑所起到的作用越来越大。如果套用商业的眼光去看待，创作者与出版社的关系更像是定做加工的合同关系：作家与插画家是手工制作者，而出版社是定做产品的客户。

在创作童书的问题上，还有一个特别容易被忽视的事实：许多人认为，做童书是相当容易的事情。原因很简单：一方面，儿童读者看起来"智力"有限、经验有限，所以为他们准备一些"小儿科"的东西应该就绰绰有余了；另一方面，为儿童选书的大人也往往非常不专业，而在选择童书的心态上又往往相当功利，所以只要能充分利用大人的心理弱点，迎合其十分有限的知识结构，制作的内容哪怕粗制滥造，也可能被接受。因此在童书的市场上，有相当一部分出版物我们甚至不知道真正的"创作"者是谁，它们常常贴着"经典童话""益智读物""孩子不得不读的××故事"这一类的标签，但翻开仔细一读，不过是肆意缩改、东拼西凑的读本。这类读本在过去还需要用"剪刀加浆糊"的方式辛苦制作，而进入网络时代，只需在电脑上"拷贝加粘贴"就可以轻松完成。这些童书的"创作"者虽然无法获取作家的名望，却可能获得更为丰厚的经济回报。

在影像时代，制作儿童影视作品的企业也是不容忽视的童书创作者。成熟的儿童影视作品发行模式，往往会通过衍生产品的销售实现利润最大化，电影书、电视书往往在影视产品热播的同时形成销售的高潮，常常在很短的时间内占据童书销售榜的前列。

（二）谁在生产童书？

创作者只是提供了内容，而把童书变成可以销售的商品的过程是由出版商，也就是出版社完成的。

中国的出版业正面临着巨大的变革时代。目前拥有出版许可的出版社都是国有的，但正在启动企业改制的进程，开始吸纳民营资金入股。而早在这之前，民营单位已经以各种方式深度介入到出版当中。出版业的市场化程度相当高，早已远离了计划出版时代。

在很长一段时间内，国内的童书主要由专门的少年儿童出版社出版。1952 年成立于上海的少年儿童出版社、1956 年成立于北京的中国少年儿童出版社是最早的两家，后来各省、自治区、直辖市也陆续成立了少儿社。但近年来，随着经济的快速发展，儿童教育理念发展的多元化，儿童阅读相关的需求正在急剧上升，使童书的出版成为非常诱人的商机，越来越多的出版社开始尝试童书的出版。根据《全民阅读视角下的少儿阅读观察》研究报告，全国580多家出版社中有556家出版童书，童书出版市场已从原来的专业出版逐步演变为大众出版。

总体而言，目前童书出版已经进入全面市场化阶段，但格局极其零散，竞争非常激烈，同质化倾向十分严重。即使是暂居出版码洋前列的出版社也只是占据非常小的份额，难以产生代表性的影响。加之体制上的原因，促使出版社更倾向于短线投入，关注畅销而忽视常销，多年以来，各家社能在5年以上持续销售的品种实在少之又少。这是市场不成熟、专业化程度不高的症状。

（三）谁在销售童书？

在2007年最初那本开放式的手册中，我曾用很长的篇幅介绍过当时销售童书值得关注的一些主要渠道，现在回头来看，情形已经发生了很大的变化。按照新媒体时代快速发展的趋势，当下详细介绍的状况，恐怕很快也会过时。在这里，我简略介绍变化的趋势。

在2007年前后，国内销售童书的渠道大致有：（1）新华书店；（2）民营书商；（3）大书城；（4）书目销售与互联网销售；（5）专门渠道销售；（6）专业儿童书店；（7）妈妈网店（一些由妈妈主持的个体网络书店）。如今，妈妈网店已经完全消失，专门的童书销售实体基本留存于网络，依附于大的电商平台。2022年6月13日，专业儿童书店蒲蒲兰绘本馆在北京建外SOHO店运营18年的线下店正式关闭，宣告了一个时代的结束。

目前童书零售的格局基本上可分为三大块：**实体书店、网络书店、新媒体渠道**。另外，上面所说的专门渠道，通常是针对学校、图书馆的大批量采购渠道，俗称"装备书"渠道，本章开篇提到的那则报道中买书就来自这种渠道，通常是政府采购的范畴。这里只重点说说零售部分。

"界面新闻"在 2018 年上海国际童书展期间的采访报道《"得少儿者得天下"童书应该怎么卖？》称："虽然实体书店和网店各有各的特色，但是两个渠道之间已经明显拉开了差异：实体书店的少儿市场出现了较大的负增长（-12.52%），网店则呈快速的正增长（27.81%）。"《出版商务周报》2021 年 1 月 26 日的报道《少儿出版实洋排名哪家强？2021 童书市场格局会被改写吗？》说："2020 年少儿图书在网店渠道的同比增长率为 15.64%，码洋比重较 2019 年上升了 2.19 个百分点，达到 30.25%。然而，少儿图书在实体店渠道的发展并不乐观，同比增长达到近五年最低，为 -41.95%，码洋比重也比 2019 年下降了 2.13 个百分点，仅有 15.11%。"尽管有疫情因素的影响，但在童书销售方面，网络书店超过实体书店已经成为明显的趋势。

在这种新格局下，新媒体与社群营销成为童书销售竞争的新赛道。2022 年 4 月，抖音日活跃用户突破 8 亿，关于"书"的话题视频播放量达到 34.7 亿次，关键词"推书"的搜索也超过了 15.3 亿次。璩骊儒在硕士论文《抖音直播在少儿图书营销中的应用研究》（青岛科技大学，2022）中介绍："2020 一年里有一大批出版社进入抖音直播的赛道，可以称作是图书的

'直播元年'。"张婷的硕士论文《少儿图书社群电商营销策略研究》（南京大学，2018）则提到："'社群'这个概念首次出现是在1881年，但是直到2015年才有'社群经济元年'这个说法。"而中国的出版社从2016年开始，就进入了"社群电商"的新时代。通俗地说，就是充分利用社交媒体圈粉，公号软文加上短视频推荐和直播带货，作为销售童书的新渠道，可以融入网店渠道，也可以绕过网店。

这些新渠道听起来颇令人兴奋，但为了刺激实现快速销售，通常会以压低折扣为最直接的竞争手段。比如网络书店常常会以五折甚至以下的折扣开展促销活动，这已低于实体书店进书的批发折扣，当然远远低于实体书店实际的销售折扣；在"新赛道"的直播中打折往往更加疯狂，这导致出版社卖得越多亏得越多，最后往往不得不偷偷虚高定价，而这样"培育"出来的购书者更习惯于追捧图书的折扣而非品质。这样的趋势确实令人担忧。

2016年，我曾在北京与来访的法国图画书艺术家奥利维耶·塔莱克［Olivier Tallec，《走进生命花园》（*What If …*，中国民族摄影艺术出版社，2010）、《星期三书店》（*Mercredi à la librairie*，北京联合出版公司，2012）等书的绘者］进行过面对面交流，向他了解在法国童书销售的情况，并给他介绍了当时在中国非常热闹的各种网络营销、社群营销，塔莱克听完一脸茫然，然后悠悠地说了一句"法国还没有这么现代化"，但他后面又补充说，法国政府规定网络书店的新书销售价格不得低于实体书店，所以法国的童书读者还是习惯在书店里买书，这样可以摸到书，可以先读给孩子听听看。

《新京报》2021年12月23日报道："法国政府于12月16日通过一项法案，对图书销售的邮费设置固定的价格底线。无论是在线上零售平台还是实体书店销售，每本书的最低邮费预计设定在2～5欧元。该法案将于2022年初生效。"这在电商巨头和独立书店之间进一步建立起公平的竞争环境。

（四）谁在购买童书？

近年来，国内公共图书馆少儿部、少年儿童图书馆与中小学校图书馆的发展有一定起色，但总的来说发展程度还不高，在市场上购买童书的主力还是来自普通读者。

年龄较小的读者基本上是由家长代为选购图书，而多项调查结果显示，家庭中为孩子选购童书的主要是妈妈。普通童书的购买者主要集中在大中城市：一方面从收入状况来看，城乡差距仍十分悬殊，乡村和小城镇居民购买力较弱；而另一方面，由于可能的销售额太低，经销商也不会考虑将书供应到乡村和小城镇的书店。

随着年龄的增加，孩子可操控的零用钱也越来越多，自主消费的能力也越来越强。小学中高年级的孩子可能会自己选购漫画、杂志、口袋书、流行的少儿文学作品，中学生可能会更多选购青春文学作品、时尚读物。

大多数家庭都可能面临着大人和孩子的选书冲突问题，比如大人想给孩子选名人传记、名著故事、科普读本，而孩子却偏偏想要漫画、电视卡通书。这种"角力"似乎永无休止。孩子可能采用死缠烂打、软磨硬泡、旁敲侧击等办法达到目的；

大人也分溺爱型、理智型、矛盾型等等，虽然招数也不少，但多数情况下也只能是疲于应对。总体而言，在选择童书的决策上，孩子的决定权越来越大。

童书还有一个非常可观的购买群体，就是成年的发烧友，他们是一群在精神上"长不大的孩子"。实际上童书从不拒绝大人阅读，越是优秀的童书越是不存在阅读年龄的限制。从流行的"哈利·波特"（Harry Potter）系列，到经典的儿童文学作品，到堪称艺术品的经典图画书，都拥有数量相当可观的成年读者。

（五）谁在影响购买童书？

根据前面引用的数据，目前中国每年出版童书多达4万多种。面对如此众多的书，消费者如何选择？选择受什么人的影响？这些问题变得越来越重要。

在印象中，如广播电视、报纸杂志这样的大众传媒，如教育部、新闻出版署这样的官方机构，在大众层面上应该有相当权威的影响力；而对于在校的孩子们，教师的推荐可能更具权威性。但事实上，这种印象正在被不断地冲洗。人们发现，大众传媒和权威机构有关童书的书讯、书评和推荐，虽然仍有一定的影响力，但对于最终消费的影响越来越小。而对于普通图书的推荐，教师的影响力也非常有限。

如今的人们，无论是大人还是孩子，接触最多的媒体是移动智能终端、电脑网络与电视。当短视频风靡全球后，许多家长慨叹，能耐心看完15分钟以上视频的孩子都算是专注力强的。根据图书行业以往的调查，对于购书者而言，同龄人、同好读者之间的相互推荐，往往具有决定性的影响。因此，社交媒体结合短视频传播在图书推荐领域起到越来越大的作用。

专门性机构、学术机构，还有图书馆推荐体系，本应对阅读和销售产生相当大的影响力，但遗憾的是，它们对于公众几乎没有直接的影响。中国作家协会大约5年一次主持评选出全国优秀儿童文学奖，可以说是目前国内最为权威的原创儿童文学大奖，但老师、家长和孩子对此奖项及其获奖名单，所知甚少。

近年来，国内陆续涌现了大量的童书奖项与荣誉推荐书目，但要确保其公信力并对童书销售产生实际影响，还需要看其评选过程是否扎实，推广方式是否有效。比如深圳读书月的"年度十大童书"评选，由深圳书城承办，评选过程就拉入了几十所当地学校参与，盛大的发布活动与持续的后续推广，确实能让选出来的好书在社会知名度与销售业绩方面都得以提升。又如爱阅公益基金会在小学图书馆书目的基础上，每年全年都持续从童书市场上甄选优质作品，经过严格筛选最后诞生的年度"爱阅童书100"书目非常有质量，也与其他公益项目密切结合，与童书出版机构广泛沟通，渐渐成为颇有公信力且广受欢迎的参考书目。

（六）已购买的童书如何供孩子阅读？

谁都知道，书是买来读的。如果仅仅购置童书而孩子们无缘阅读，购买也毫无价值可言。对于家庭而言，购买的图书数量是一回事，吸引和引导孩子有效阅读又是另一回事。而对于公共图书馆和学校图书馆而言，馆藏童书的数量当然重要，但更重要的是：图书的品种结构是否能匹配孩子们的阅读兴趣？借阅是否方便？是否有适当的专业引导？这些将直接影响到借阅率和阅读效果。

王林在《儿童图书馆千方百计引导孩子阅读》（载于《中国教育报》，2007年3月29日）一文中写道：

一项调查表明，中国学生对学校图书馆的印象一般是这样的：

1. 图书馆、阅览室开放时间太短，时间安排不合适；

2. 馆内新书、好书太少；

3. 图书管理员态度不好，不能指导我们的阅读；

4. 图书馆对学生的阅读指导不力，应定期向学生介绍新书、好书；

5. 图书馆里的硬件设施不好……

所幸这些年来，越来越多的人开始着手改变这样的状况。比如在前述的合肥"石头汤悦读校园联盟"项目中，打造"图书馆中的学校"是其核心要义之一。将学校的中心图书馆打造成非常友好的学生活动场所当然是非常必要的，但更重要的是要将学校的每一个可能的角落都当作图书馆的分馆或馆藏点，让孩子们随时可以拿起书来读。要想做到这一点，必须对学校图书馆员进行专业培训，将其当作学校的重要岗位（而非次要的闲置岗位），并发动家长参与到图书馆志愿活动中来。

ⅨⅩ 儿童阅读社会生态圈

借用生态学的视角，我们可以把"钱伯斯阅读循环圈"扩展为一个大型的社会生态圈，这是一个书、儿童、成人和相关社会组织共生的"家园"，他们共同营造着一个环境。前面阐述了影响这一环境的各种主要因素，他们类似于自然生态中的环境因子，与整体环境之间构成了一种相互作用和相互影响的关系，这种关系具备灵活性和复杂性。

这样的生态系统大致如图 7-1 所示。

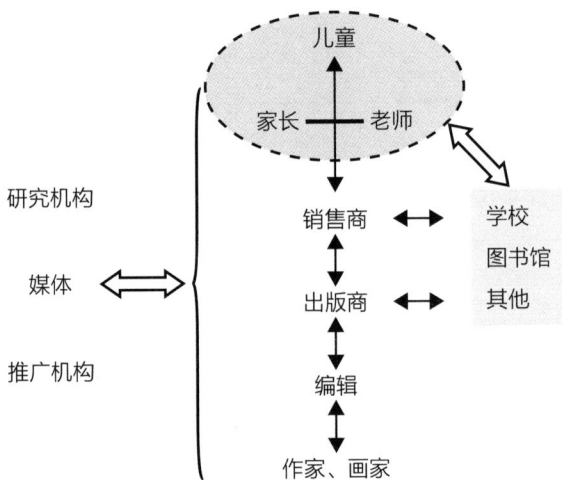

图 7-1 儿童阅读生态系统示意图

这个生态系统所要解决的核心问题是儿童阅读。在传统上，我们通常只需关心最小的阅读圈，即孩子与书的关系，孩子与家长、老师的关系。但当我们站在社会的层面上观察，那个小阅读圈实际上深受其他因素的影响，而且反过来也深刻地影响着其他因素。要帮助孩子们爱上阅读，仅仅在小阅读圈范围内讨论问题是远远不够的。

在自然生态系统中存在着能量传递的链条，表现为食物链。在儿童阅读生态系统中也存在着类似的链条，主要通过图书的购买（或者说消费），传递经济价值与文化价值。因为书籍是一种特殊的载体，它既是一种商品，也是人类文化的承载者。如果忽视了前者，可能无法理解这个系统运转的秘密；但如果忽视了后者，则可能陷入文化的堕落与沉沦。

人们常常有这样的疑惑：好书未必好卖，好卖的未必是好书。问题出在哪里？有人说，书也是商品，好卖的商品至少证明它被消费者广泛需要，自然是好商品。所以畅销的书一定是好书，至少是一种类型的好书。特别是畅销的童书，被那么多儿童喜爱，贬低它的价值岂不是贬低了儿童的审美情趣吗？这种观点好像非常有理，看似非常具有"儿童本位观"，但它实际上模糊了一个前提：好卖的商品真的就是好商品吗？事实上，在消费时代，消费者的口味是可以被制造的。

假如我们想知道某个孩子对土豆的烹饪口味的需求，可以周一吃土豆烧牛肉，周二吃西红柿土豆汤，周三吃土豆咖喱鸡，周四吃海鲜土豆丸子，周五吃拔丝土豆，周六吃油炸土豆条，周日吃焖土豆泥，然后才可以问："你最喜欢吃什么口味的土豆？"如果我们周一吃炸薯条，周二还是炸薯条，周三、周四、周五、周六、周日一律都是炸薯条，那么问孩子"你最喜欢吃什么口味的土豆？"又有什么意义呢？正因为如此，麦当劳快餐店可以理直气壮地打出广告语："我就喜欢！"喜欢有喜欢的道理，好卖有好卖的道理，但土豆如何烹饪才好吃且符合营养学原理，那又是另外的道理。

同样，判断书的好坏，自有评判标准，比如是否符合人类的价值观、是否反映了高尚的精神追求，判断童书的好坏，更要判断它是否提供了儿童精神成长所需要的营养。这与书的好卖与否没有关系。把好卖与好书混为一谈，恰如刘绪源在《试说杨红樱畅销的秘密》一文（收入《文心雕虎全编》，广西师范大学出版社，2018）中那个俏皮的比喻："打一个不伦的比喻，肯德基和麦当劳，够畅销了吧，但有谁会把最佳烹饪作品的桂冠，授给鸡柳汉堡或麦香鱼呢？这是两个向度上的追求。"

算不上好书却很好卖，这本身未必是坏事，它证明了某种特定需求的存在，至少对于满足需求、活跃市场还是很有益处的。不过，好书却不好卖，实在不是什么好事：会打击优秀创作者的热情，更直接的结果是难以获得继续从事创作的经济保障；经销商因滞销而决定放弃，出版社因失败而决心不再染指；读者因此更难有机会接触到类似的优秀作品。当这种情况从个别性的事件上升为经常性的社会现象时，就可能形成不良的创作风气，优秀的创作人才因此流失。因此从整个儿童阅读社会生态的角度看，好书必须要好卖。

改善生态的最小因素

优良的生态系统应是一个良性循环的系统。理想的儿童阅读社会生态圈大概是这样的：作家、画家创作出优秀的作品；经过编辑整理，出版商出版发行；媒体相应地传播信息；专业机构与专业人员进行评论与推荐；在井然有序的市场上，销售商销售到个体和机构消费者；读者（主要是儿童）从阅读中获得愉悦，于是产生新的需求；销售商获得合理的利润，出版商发行成功，编辑获得反馈，再次组织创作群体开始新的创作……如此循环往复。

那么，我们今天的儿童阅读社会生态圈是否在如此良性循环呢？我认为还不是。虽然与改革开放之初相比，今天在许多方面已经有了长足的发展，但进入21世纪以来，我们又面临着更多的挑战。经济的高速发展，社会超速进入现代化信息时代，虽说都是大好事，但在相应的精神层面上，人们的准备似乎并不充分。

在这个阅读生态链上，几乎每一个链条都明显存在令人担忧的问题。比如：优秀的作品并不多见，作家、画家静心创作优秀作品的动力不足；编辑选题困难，精心生产的作品没有市场，为应付市场而随意炮制的东西倒还有些活力；大量精心出版的优质图书在出版商的库中积压；销售商的运作周期越来越短，卖场以单位面积的单位时间销售量来衡量作品的优劣；网络书店与新媒体营销在提供便利的同时也带来了惨烈的折扣大战；学校、图书馆的图书资源使用率奇低，需求也有限，有限的供求中也存在显著的规则弊端；家长、老师普遍缺乏儿童文学常识，应试教育、急功近利的教育观念带来扭曲的价值判断；儿童接触优秀儿童文学的机会本就不多，一方面受到应试教育的压力，另一方面受到现代多媒体的轰炸；优秀作品的需求量本来就有限，而在社会公众意识层面上又缺乏判断优劣的共识……如此循环往复。

在所有现象中，最令人担忧的是阅读人口的流失，这好比自然生态环境中的绿地沙化、水土流失。当然这可能是一个世界性的问题。可是，与那些发达国家相比，目前中国儿童的阅读状况似乎更令人担忧。

然而，面对如此庞大的社会生态系统，改良的工程浩大，头绪繁多，我们应当从何处入手呢？

在自然生态系统中同样存在着类似的问题。植物学家研究发现，影响植物生长的因素千繁万复，实际上我们很难穷尽。但是有趣的是，一个也许还是文盲的园丁，却能凭借经验轻松自然地侍弄好植物，这又是为什么呢？原来，在影响特定植物生长的众多因素中，存在着某种起决定性作用的因素，改变这一因素，其他的因素就会相应地发生改变。植物是有机的生命体，它的生长环境就是一个微观的生态系统，有经验的园丁很自然地懂得这一秘密。

最早提出这一理论的是19世纪德国农业化学家李比希（Liebig），他是研究各种环境因子对植物生长影响的先驱。他在1840年提出"植物的生长取决于那些出于最小量状态的营养元素"。其基本内容是：低于某种生物需要的最小量的任何特定因子，是决定该种生物生存和分布的根本因素。后人称此理论为"最小因子定律"（law of minimum）。进一步研究还表明，这个理论也适用于其他生物种类或生态因子。有时，最小因子也被称为主导因子。

这一理论后来又被移植到管理学中。20世纪70年代，以色列高德拉特（Eliyahu M. Goldratt）博士提出约束理论（Theory of Constrains，又译"限制理论"），应用于优化生产管理的技术，其核心在于识别限制生产效率的"瓶颈"。在识别约束因素后，一方面在现有条件下发挥最大的效能，并使其他事情服从于约束因素的目标，另一方面努力打破系统约束。约束解除之后，回到最初的步骤，识别新的约束。这是一个周而复始的改进过程，目的是克服企业内部的消极因素。但这一理论同样可运用到任何行业，包括学校、医院这样的非营利性机构，也可应用于个人计划。（参见武振业等编著的《生产与运作管理》，西南交通大学出版社，2000）

最小因子理论和约束理论，可以为改善儿童阅读社会生态提供很好的思路。我们不妨假设，在这个社会生态中同样存在着某个最小因子，或者更通俗地说是"最小因素"，这一因素对于实现"帮助孩子爱上阅读"的目的起决定性作用，它的改变将引起其他因素的相应改变。我们需要识别这一因素，当它良性发展时，整个环境也将随之向良性方向发展。同时必须认识到，这一最小因素并非固定不变，不同范围的环境（如家庭、学校、社区或整个社会）、同一环境的不同发展阶段，此最小因素都可能是不同的。为了确保环境的持续优化，我们需要不断识别、改善、再识别、再改善……如此循环往复。这大概可称之为儿童阅读社会生态圈的"最小因素"原理。

回到现实中来。当前儿童阅读社会生态中的最小因素是什么？这是个见仁见智的问题。根据多年的观察，我的判断可以归结为两个字：观念。也就是说，人们对儿童阅读的基本观念，主要包括对儿童为什么需要阅读、怎么读和读什么的认识。有关观念的问题，可以扩展到整个社会，但我认为最为重要的还是与儿童关系最密切的成年人的观念，也就是家长和老师的观念。

也许有人会认为这一判断过于抽象，而且对于中国广大的欠发达地区（特别是农村）经济上的原因或许更为重要。我不否认对于阅读而言经济上的能力也很重要，但它并不是最重要的，更何况当下人们已经解决了基本的生存问题。200 多年前，在丹麦一个赤贫的家庭中，一位穷鞋匠父亲在漫长的冬夜里为儿子朗读着家里仅有的一本《天方夜谭》，后来，那位鞋匠与洗衣妇的儿子虽然没有上过几天学，而且数次濒临饿死的边缘，但他终于成长为一位文学巨匠，成为今天无人不晓的童话大师，他就是安徒生。这也许只是一个特例，但古往今来，阅读带来的奇迹还少吗？

当家长和老师们的观念发生改变，愿意以最大的热情投入到孩子的阅读中来，愿意与孩子分享童书、分享童年的秘密，极有限的资源也可以获得最大化的利用。这样的微观阅读环境发生变化之后，童书的阅读需求将不断地被激发，它将带动一个非常庞大的童书需求市场。在这样的消费时代，需求的规模决定着市场的规模。实际上，我们目前的儿童消费市场庞大得惊人，儿童用品、食品、营养品、玩具、电子产品，还有种种快速消费品，已经极为丰富，相比之下童书就显得非常可怜了。其中最关键的原因就是精神上的需求远远滞后。改变观念，就意味着改变需求。而对于童书的需求，恰好就是影响儿童阅读生态系统的整个生态链条最核心的因素。

那么，如何改变观念呢？这是下一部分的讨论话题。

■ 第三部分

儿童阅读推广

第八章

说故事与读书会

🎬 说故事的故事

　　一位清朝康熙年间的少年，虽然是小说虚构的人物，但在中国可谓家喻户晓。从各方面说他都是一个市井无赖，出生在扬州的妓院，并在那里长到十二三岁。他没念过书，斗大的字识不得几个，却学会了满嘴的粗言秽语和各种下三滥的伎俩。就是这么一个小混混，有朝一日来到江湖上，竟然结交了各路朋友，其中也不乏顶天立地的好汉。后来他混进皇宫，居然与少年康熙结为好友，在当时许多重大的历史事件中起了重要的作用。他功成名就后便退隐江湖，悠悠哉享尽荣华富贵。以今天的标准看，他堪称"社会成功人士"。

　　说到这里，大家应该知道他就是金庸笔下的韦小宝。虽说《鹿鼎记》纯属虚构，但读者感觉这个主人公还是很真实的。而且这个韦小宝虽然无赖至极，但绝大多数读者还是非常喜欢他，虽然也觉得他一路逢凶化吉、遇难呈祥的经历过于传奇，但并非全无道理。原因何在？因为金庸赋予了韦小宝两种极为难得的品格个性：非常义气；通晓人世间的种种人情世故。可是，这些又是从哪里学来的呢？在书中第二回说到韦小宝出世时有这样一段：

　　扬州市上茶馆中颇多说书之人，讲述《三国志》、《水浒传》、《大明英烈传》等等英雄故事。这小孩日夜在妓院、赌场、茶馆、酒楼中钻进钻出，替人跑腿买物，揩点油水，讨几个赏钱，一有空闲，便蹲在茶桌旁听白书。他对茶馆中茶博士大叔前大叔后的叫得口甜，茶博士也就不赶他走。他听书听得多了，对故事中英雄好汉极是心醉，眼见此人（茅十八）重伤之余，仍能连伤不少盐枭头目，心下仰慕，书中英雄常说的语句便即脱口而出。

原来，韦小宝身上那些可贵的人格闪光点，居然主要是从评书的故事里学来的。评书是我国民间一种口头曲艺文学形式，由来已久。谭达先所著的《中国评书（评话）研究》（商务印书馆香港分馆，1982）这样介绍，"近代的评书形式，渊源于唐宋以来的'说话'（讲故事），元朝的'平话'。近代以来，才较多地采用'评书'一词"，"南方苏州一带也称说'评话'"。那韦小宝所听的应该是"扬州评话"，是我国评书中非常重要的一支，"早在清代中叶就已盛行，极盛时期有三百多个说书艺人"。

听书真的如此有效吗？早在北宋年间，苏东坡在《东坡志林》卷一《怀古篇·涂巷小儿听说三国语》中就讲了类似的小故事：

王彭尝云："涂巷中小儿薄劣，其家所厌苦，辄与钱，令聚坐听说古话。至说三国事，闻刘玄德败，颦蹙有出涕者；闻曹操败，即喜唱快。以是知君子小人之泽，百世不斩。"

在苏东坡讲的这则趣事中，熊孩子的家长实在没招了，便让孩子去听评书，作为一种教育方式。孩子不但爱听，全身心地投入到故事中，而且被说书人的道德立场所感化，崇尚正统、崇尚正义的理念在孩子的心中潜移默化。

在我国的说书史上，最著名的说书人当属明末清初的柳敬亭，他有着传奇的一生，说书可谓神乎其技。同时代多位著名的文人都在文章中写到了他，这对于民间艺人来说是极为罕见的。其中，流传最广的是黄宗羲的《柳敬亭传》。从这些文章中，我们了解到柳敬亭的说书技艺颇得益于老师莫后光的指点。

这位莫后光本是一位儒生，据黄书光主编的《中国社会教化的传统与变革》（山东教育出版社，2005）介绍，莫后光"在当时也算是步入上层社会的绅士，同时他还是一个业余说书爱好者，闲暇时常常为百姓们讲说故事，说书的场面很是热闹"。李彦贞《南吴旧话录》卷二十一"莫后光"条云：

> 莫后光三伏时每寓萧寺，说《西游》《水浒》。听者尝数百人，虽炎蒸烁石，而人人忘倦，绝无挥汗者。后光尝语人云："今村塾师冷面对儿童，焉能使渠神往，记诵如流水？须用我法，庶几坐消修脯。"

莫后光的说书技艺固然出奇，但更有趣的是他用"说书"来比较"教书"，讥讽教书先生呆板而缺乏技巧，单从教育的效率而言，那样的"教书"还远不如"说书"呢。从中也可窥见，对于那些有文化也颇有社会责任感的说书人，"说书"并不仅仅是一种用来糊口的技艺，他们也怀抱着更高远的追求。

在近代的扬州评话界，有一位奇人戴善章。他独树一帜，标新立异，自创书词，自成流派，擅长演说《西汉》和《西游记》。更使人惊奇的是，戴善章还是一个有政治见解的民主主义者，他不满时局，不满官僚的专横腐败，于是就充分运用评话作武器而奋争。他常将官场的腐败及人间不平事巧妙安插在《西游记》中予以鞭挞，嬉笑怒骂，皆有所指。评话大师王少堂说："戴善章经常主动选择扬州四望亭附近靠衙门口的书场营业，专在书中出那些官僚的洋相，其胆之大，没有第二人。由于他勇于斗争，也吃了很多苦，甚而因此坐过牢。"（引自《中国评书（评话）研究》）

评书这门民间口头艺术，看来不过是说故事而已，但仔细琢磨起来并不简单。从教育的角度看，"由于在中国的封建社会，教育是一种稀缺性资源，是农民、妇女等广大的社会草根阶层享受不起的，听说书就成为他们接受正统文化教育的最主要途径"（引自《中国社会教化的传统与变革》）。谭达先评价道："评书历来是中国人民群众的生活、历史的艺术教科书，是他们的可贵的精神食粮，是他们进行鼓舞战斗、打击敌人、自我教育、自我娱乐的武器和工具。"

在西方，说故事也曾经在社会发展中起过非常重要的作用。如堪称古希腊文化历史宝库的《荷马史诗》（*Homer's Epics*），最初很可能就是由吟游诗人口传下来的。而儿童文学经典《格林童话》（*Grimms Märchen*），也主要是由格林兄弟从民间采集而来的口头故事。虽说印刷文化、电子文化接踵而来，但说故事的传统并没有衰亡。

1940年9月27日，在西班牙边境小镇波尔沃，一位名叫瓦尔特·本雅明（Walter Benjamin）的德籍犹太人服毒自杀了。当地警察感到非常震惊，因为他们曾以各种理由拒绝为包括本雅明在内一群逃亡中的犹太人办理过境签证，而本雅明是一位在欧洲享有盛名的哲学家。警察赶紧为其他人办理手续，使他们逃离了纳粹的魔掌。只是本雅明无法复生，半个多世纪后依然令人扼腕痛惜。

本雅明曾与一位名为艾诗嘉（Asja）的俄国女演员相遇。"在俄国大革命之后，她在俄国为孩子们演出，发展出一套说故事、将故事戏剧化的技巧，培养孩子们对自己的生活更能够自我负责的能力。"本雅明深受吸引，之后他还前往俄国（当时的苏联）访问，并写下见闻。回国后，他在报社及广播电台工作，开始结交许多思想家及艺术家，这一群人想把德国变成一个更平等、更民主的社会。他了解到，唯有众人的生活都能如童话般美好，他个人的童话梦想才能实现。因此他把希望寄托在孩子身上，开始为孩子们制作广播剧、写故事。他制播这些广播节目，希望说故事的声音能够触动数以千计的年轻听众的想象力。他计划了许多节目，可惜随着纳粹逐渐掌权，这项工作戛然而止，他也开始了逃亡生涯。

在逃亡生涯中，本雅明仍然写了许多著名的论文，其中有一篇《讲故事的人：尼古拉·列斯科夫作品随想录》（The Storyteller: Reflections on the Works of Nikolai Leskov，收入《本雅明文选》，中国社会科学出版社，1999），被认为"任何自诩说书人或文化工作者的人士都应该将这篇作品列为指定阅读。任何想要了解说书艺术的过去、未来、展望、任务与可能性的人士，都应该阅读这篇短文"。（本雅明的故事参见《童话·儿童·文化产业》，台北东方出版社，2006）

许多年过去了，本雅明的关于说故事的梦想还在延续吗？

2007 年 4 月，"世界图书日"活动期间，中国教育电视台播出了与德国图书信息中心合作拍摄的三集电视专题片《阅读，让生命启航》。节目伊始，我看到这样一则故事：

在美丽的莱茵河畔，有一座精致的小城，这座城市的名字叫美因茨，72 岁的安娜丽雅·吉嘉就出生在这座城市里，现在她已经是一位儿孙满堂的老奶奶。2000 年的一天，安娜丽雅来到一家离她家乘车需走半个小时的幼儿园，开始了她的"读书奶奶"志愿者工作。她说："我做读书志愿者已经有 6 年多了。我自己开始不知道这件事儿，我的一位好朋友告诉我，有这么一件好事可以做，我就这样开始了。做这件事给我带来了那么大的快乐，每次我离开这个幼儿园的时候，整个心情都好像漂浮在云上，特别轻松和愉快。"

从给儿孙们讲故事，到给幼儿园小朋友讲故事，故事陪伴了安娜丽雅的一生。她非常喜爱这个工作，她不仅爱朗读，还自己写故事，她经常把自己写的童话讲给小朋友们听。小朋友们听得特别陶醉，她自己也特别陶醉。安娜丽雅说："没有书的生活，就像一艘没有舵盘的船。"她回顾道："我出生在1935 年，我的童年正是战争时期，我们被迫逃到乡下，那儿只有一所非常简陋破旧的村庄小学。我 9 岁的时候，得到一件特别精美的礼物，是《安徒生童话》，书里有非常美丽的插图，那是我作为 9 岁的小女孩最心爱的一件礼物。虽然在战争时期，我坐在废墟上，仍然可以抱着那本书享受着美好的时光。我只拥有了它三个月，有一天战争把我家的房子炸平了，那本心爱的童话书也被烧掉了。从那以后我的童年就是在没有书的情况下度过的。这就是为什么我要来给孩子们读书讲故事。"有书的童年是多么美好！一个经常听安娜丽雅讲故事的女孩深情地对读书奶奶说："如果你活到 1000 岁，我会爱你 1000 年。"

据介绍，这位读书奶奶参加的读书志愿者活动是由德国促进阅读基金会发起的。这个基金会的总部就设在美因茨这座城市里。现在总部有 60 多位像安娜丽雅这样的志愿者。基金会的工作人员全年在全国各地奔波，举办各种讲座，向年轻的父母、教师和志愿者讲述给孩子们讲故事的技巧，鼓励读书志愿者。很多爱书也爱孩子还喜欢朗读的人都成了志愿者，目前全国志愿者已达 9000 余人。

基金会主席海里希 · 柯莱彼希（Heinrich Kleibig）介绍说："成立德国促进阅读基金会的主意很早就有了。德国二战之后的第一届总统当时就有了这个想法，大家认为阅读是促进社会民主进程的一个必要手段。你只有能够阅读才能够自己决定吸取什么知识和信息，来作出比较自主的决定。这也就是 1988 年成立这个基金会的目的。我们基金会的使命就是提高孩子及成人的阅读兴趣和阅读能力。"历届德国总统都是促进阅读基金会的总顾问和名誉主席，时任总统霍斯特 · 克勒（Horst Köhler）也曾到美因茨的小学给孩子们讲故事，他讲故事的照片就挂在基金会总部。基金会项目总监嘉比 · 霍姆（Gabi Holm）兴奋地说："孩子们很高兴，整个德国的'老板'，都到这儿来给我们讲故事了，也许从这一刻开始，孩子们自己拿起书本开始阅读。"

德国促进阅读基金会的专家认为，如果一个人到了 13 岁或最晚 15 岁，还没有养成阅读的习惯和对书的感情，那么，他今后的一生中很难再从阅读中找到乐趣，阅读的窗户会永远对他关闭。

不一样的"说故事"

前面介绍了古今中外诸多说故事的故事。同样被称为"说故事"（或"讲故事"），但它们在形式上不尽相同，有的差别还很大。这并不奇怪，越是习以为常的事情，在概念上越是容易模糊。不过，说故事对于现代的儿童阅读推广意义重大，所以厘清它的概念还是很有必要的。

（一）日常生活中的说故事与专门的说故事

广义上的说故事在日常生活中无处不在，比如孩子放学回家，给你讲一段在学校里发生的事情，这就是说故事。但一般在阅读中谈到说故事，并非如此泛泛。当我们把"说故事"当作一个专门的词语时，虽然也可以指茶余饭后、田间地头的讲故事，但通常是指带有一定目的性地（至少是为了说故事而说的），并且带有一定技巧地说。

本雅明认为说故事是一门古老的艺术，在日常生活中有两种人可能是说故事的高手——"德国有句话：'远行者必会讲故事。'在人们的想象中，讲故事的人就是从远方归来的人。但他们同样喜欢听守在家里、安安分分过日子，了解当地掌故传说的人讲故事。"（引自《本雅明文选》）因此，他认为中世纪的工匠铺堪称"讲故事的大学"，因为那里云集了本地的工匠师傅和外地雇工。

说故事成为一种专门性的职业，自古有之，在没有文字或文字记载不太发达的古代，这种职业非常重要。据说，某些古代游牧部落依靠盲说书人口传部落的历史，这种历史可能与传说无异，但包含了文化传统和律法等重要的信息。盲人的听力和记忆力很好。在《国语》的周语里，就有"瞽献曲，史献书""瞽史教诲"的文字记载。在那个时代，宫廷里的盲人有乐官，也有诵诗和记载历史的官员，"诗"与"史"也可能是同一回事。关于希腊人传唱《荷马史诗》也有类似的说法："唱这些诗歌的人，希腊人就称作'阿德'（Aede）。每逢宴会的时候，阿德是最受人欢迎的。"（引自伊林的《书的故事》，辽宁教育出版社，2000）

刘向的《列女传》中记载："古者妇人妊子，寝不侧，坐不边，立不跸，不食邪味，割不正不食，席不正不坐，目不视于邪色，耳不听于淫声，夜则令瞽诵诗，道正事。如此，则生子形容端正，才德必过人矣。"这可能是最早关于"胎教"的说法，"所谓'瞽诵诗，道正事'，就是妇女怀孕期间让失明的艺人诵读诗篇，宣扬伦理道德，含有祝福的意思，虽与后世评书不同，却孕育着某些相关的因素"。（引自汪景寿等著《中国评书艺术论》，经济日报出版社，1997）

评书是中国文化中特别发达的一种说故事的形式。"说书"一词，最早出现在《墨子·耕柱》篇："能谈辩者谈辩，能说书者说书，能从事者从事……"关于说书的最早的记录，见于隋唐之际，但并不是说隋唐以前没有说书的事。（参见陈汝衡著《说书史话》，作家出版社，1958）这种民间口头文学形式，为什么后来又被称作"评书"呢？因为"有的评书艺人说它的重要的艺术特点是'有讲有评'，即一面描叙故事人物，一面发表演员的感受。所谓'有讲有评'的方式，就是'又讲又评'，它是用朴素生动的民间语言来叙述动人的故事，而且可以带上某些评论的色彩。"（引自《中国评书（评话）研究》）

评书发展到今天，虽已过了鼎盛期，但仍为人民群众喜闻乐见。有许多优秀的传统评书，若经过资源整合，并适当加以引导，仍能有助于推动儿童阅读，特别是对于传承优秀的传统文化起到很好的作用。

在欧美、日本等国家，以及我国台湾地区，还有专门针对儿童的说故事行当，如专业的儿童图书馆员、儿童书店店员往往定期为孩子们说童话故事、图画书故事。在我国台湾地区，还有专门的说故事剧团和剧场，其中最著名的当属成立于1994年的信谊基金会"小袋鼠说故事剧团"。

实际上，如果不以职业与否为区分标准，所谓"日常的"或"专门的"说故事之间是很难区分的。而爸爸、妈妈们如果在家里经常为孩子读书、说故事，其受欢迎程度也定会高于评书艺术家。

（二）口口相传的说故事与文字记载的说故事

提到"说故事"，人们通常想到的是口口相传的说故事形式，就儿童阅读推广而言也是指这种形式。不过，有些人（主要是研究者）在谈到"说故事"时，也指那些被文字记载下来的口头故事，典型的如《格林童话》或汇编成书的民间故事、评书评话。本雅明《讲故事的人》中还涵盖了具有说故事特征的小说，他也特别说明"在那些用纸笔录下原有故事的人当中，谁的笔头文字同众多无名的讲故事的人的口头表述区别最小，谁就是了不起的"。

（三）面对面的说故事与通过电子媒介的说故事

这是电子媒介时代的特殊问题。

就说评书吧，如今绝大多数人已经很难享受面对面听说书的乐趣了。过去听评书，要去茶社或说书场，只有官老爷或有钱人才会把说书人请到家里来讲。但自从广播电台普及后，评书在全国遍地开花，出生于 20 世纪六七十年代的一代，很少有没听过刘兰芳的《岳飞传》《杨家将》，袁阔成的《三国演义》的。到 80 年代，电视空前普及，评书也自然搬上了电视。

说故事这门古老的艺术永远也不会过时，而故事最热烈的追捧者——儿童——总是人口中相当庞大的群体，只要能顺应新技术的发展，摸清新的需求点，从商业的角度看，为儿童说故事将一直是一个很可观的产业。在移动媒体的有声书渐渐兴起的年代，在手机 APP 中播放儿童故事成了新的潮流。

不过就培养儿童阅读习惯而言，通过电子媒介说故事是否有帮助和帮助到底有多大，还是一个很值得研究的话题。松居直在一次题为"儿童读书与图画书体验"的主题演讲中说道：

有位德国人在书中写过，一个 5 岁的女孩，她的妈妈经常给她念书、讲故事。有一次，电视上播放讲故事节目，一个非常专业的阿姨在电视上讲故事，在大人看来这是个非常好的节目。那个5岁的女孩一开始很感兴趣地看节目，可是，过了一会儿，她去找妈妈，让妈妈给她讲故事。妈妈问："电视上的阿姨不是讲得挺好，挺有意思吗？"于是孩子回答说："可是，电视上的阿姨不能抱着我。"这就是孩子的心情。把孩子抱在膝上读书给他们听时，我们的心情能传达给孩子，孩子的心情也能传达给我们。从这种意义上讲，我认为，在家庭中最重要、最宝贵的，是夫妇之间、亲子之间丰富的语言交流。语言是一个家庭最宝贵的财富。

（四）关于新闻中的故事

新闻是对事件的报道，自然是叙事性的，那么播报新闻是说故事吗？在广播、电视上，还有大量的非新闻节目播出的叙述节目，完整地讲述一个真实的事件，类似于报纸上的社会新闻。有一次，我在电视上看到这样一个案件：一个不负责任的年轻爸爸，在与妻子吵架后，竟然偷偷将幼女送给他人收养，收了几万元；事发后，全家人（包括这位爸爸）多方寻找，在警察的帮助下，历经数月，终于找回了孩子；而那个女孩在这期间又与"养父母"培养了难以割舍的情感……这个故事让我唏嘘感慨良久。那么，播放这种电视节目算是"说故事"吗？

本雅明显然持否定的观点。他认为新闻报道"与讲故事在本质上是格格不入的。如果说讲故事的艺术已变得鲜有人知，那么信息的传播在其中起了决定性的作用"。在本雅明看来，在新闻报道中，事件总是被透彻地解释，因此缺少了叙事作品的丰富性，在听（读）故事时读者尽可以按自己的理解对事情作出解释。

每天早晨，我们都会听到发生在全球的新闻，然而我们所拥有的值得一听的故事却少得可怜。这是因为我们所获知的事件，无不是早已被各种解释透穿的。换言之，到如今，发生的任何事情，几乎没有一件是有利于讲故事艺术的存在，而几乎每一件都是有利于信息的发展的。事实上，讲故事艺术有一半的秘诀就在于，当一个人复述故事时，无须解释。（引自《本雅明文选》）

（五）关于商业性的故事

电视上播放着这样一则"故事"：姥姥辛辛苦苦做了一顿饭，小外孙尝了一口就皱眉头，然后口无遮拦地大叫难吃，姥姥很尴尬；妈妈赶忙偷偷地提醒，为什么不放"××牌"鸡精呢？于是姥姥言听计从……最后小外孙吃得很满意，全家人笑开了花。

很明显，它是一则广告。这样的广告充斥着我们的生活，它们是叙事性的，那么播放这样的广告是说故事吗？本雅明如果不小心看到，一定会发出更为悲观的论调。可是，这样的"故事"不是也很符合本雅明所说的"无须解释"的重要特征吗？它诱导听众买鸡精的功能，与宗教故事、道德故事引导听众信教、向善的功能也非常相似，只是方向不同罢了。但我相信本雅明还是不会同意把它们列入"说故事"的范畴，不是技术上的原因，而是情感上的。

这种现象在西方更为泛滥。齐普斯批评道："大致上来说，说书（即说故事）在西方文化中俨然已经成为工具与商品。不论有意无意，说书成为创造利润、操纵他人的工具，只造福特定人士，而非照顾到整个社群的利益。……我们自认在这样的社会里可以自由发言。我们自认可以自由交换想法。然而我们的想法早已受到宰割，我们的话语在出口之前就已经冻结。"（引自《童话·儿童·文化产业》）

本雅明与齐普斯等人所崇尚的"说故事"的艺术，其核心在于交换经验的能力或力量。"交换，意味着对话的存在、一种给予与接受、一种分享。"交换，意味着说故事人与听故事人共同合作，以说与评的方式交换自身或他人的经验，这种经验的交换给我们智慧，给我们娱乐，同时也在"改变我们、启蒙我们、解放我们"，这是一种赐福，如松居直所说也是一种财富。

如果没有这种交换，留下的只是作为商业交易的交换，那么我们所获得的感受只有疏离感——现代人不是已经越来越熟悉了吗？

（六）说故事与大声为孩子读书

这种区分纯属技术性的。不依赖书本，为孩子们讲述自己编的、从某处听来的或是曾经在某本书上看到的故事，当然就是说故事。但是，如果是拿着一本故事书一字一句地朗读，或者也穿插着使用自己的语言，甚至穿插着问答交流，那是说故事还是大声为孩子读书呢？这是第一个问题。第二个问题：上述两种方式，哪一种更有利于引导孩子阅读？包括在第二种方式中，怎样读更有利呢？

在钱伯斯的《打造儿童阅读环境》中，说故事与大声为孩子读书是有区别的：

说故事更像是说者对听者说话所形成的关系。它更像是私人间的交谈，好像是说故事人把自己的某种东西给予听者。

在大声为孩子读书中，照着书本读使体验**客观化**，也就是说，双方的关系更像是两个人分享别人的某种东西。不是听者与说者互相看着对方，而是朗读者与听者肩并肩地一起看着别的东西。

在大声为孩子读书中，交流总是通过源于作者的印刷文字和图画来进行，但作者是看不见的，通常我们不知道他的模样。作者——这位不在场的人——通过故事给予我们某种东西。碰巧，我们中的一位是朗读者。而所有人——也包括朗读者——都是礼物的接受者。

说故事倾向于情感上夸张的表现；大声为孩子读书则倾向于思想上沉静的表达。

说故事倾向于娱乐消遣的乐趣；大声为孩子读书则倾向于自我认同的乐趣。

说故事倾向于封闭的、排外的、共谋的小团体，力量局限于坐在一起的人中间。大声为孩子读书倾向于渗透性的、开放的、包容的团体，它的力量蕴涵于由语言、思想和不在场的他人（作者）所传达的文本力量中，并随它们的增加而扩张。

在文化上，说故事是巩固性的；大声为孩子读书是生产性的。

钱伯斯的这段分析很有启发性，但也有人为区分的痕迹。他描述的为孩子大声读书似乎过于严肃了，或者说，这就是英国式的读法？至少美国人崔利斯也鼓励说故事般的表演型读法。不过，钱伯斯的倾向也是明显的，他倾向于通过大声为孩子读书的方法（而不是主要通过说故事）来引导阅读。

我认为，在日常生活和学习中，大声为孩子读书的活动应当尽可能轻松自然，它的目的本不是为了代替孩子自己的阅读，更像是一种娱乐活动，主要是为引导孩子阅读而"做广告"。所以，在读故事性的作品时，可以尽可能借鉴说故事的技巧。根据不同的作品的特点，根据故事发展的不同阶段，可以选择适合的表达方式，或夸张，或沉静，或引向滑稽的娱乐，或引向严肃的思考，终究取决于我们对作品的理解，而这种理解也需要不断学习和琢磨。

在大声为孩子读书中，朗读者往往是大人，他既是与听者一起分享作品的读者（即钱伯斯所谓的"接受者"），也可以是类似说故事人那样的给予者，把从作品中获得的经验结合自身的经验给予孩子，因为大人可能在阅读方面更有经验，这也是"钱伯斯阅读循环圈"所强调的。更为理想的方式，孩子也有不同于大人的经验，也可以给予大人。也就是说，双方都从作者那里获得了馈赠，然后相互馈赠。这种合作分享的关系，类似于本雅明所说的"说故事人—听故事人"间交换经验的关系，只不过故事是从别人（作者）那里来的。所以，从这个角度说，钱伯斯的上述严格区分是没有必要的。

在推广儿童阅读的实践中，说故事与大声为孩子读书很少严格区分。在大多数场合，为孩子说故事和大声为孩子读书，基本上是一码事。不过有趣的是，在我国台湾地区有关说故事的方法却有截然不同的两种意见。这两种意见主要是针对为孩子读图画书（或者说用图画书来说故事）的问题。林伟信在《如何对儿童说故事读绘本——谈绘本在教养上的应用》一文（引自《爱在阅读里：故事志工阅读推广手册》，毛毛虫儿童哲学基金会，2003）有如下介绍：

以林真美女士所创立的"小大读书会"来说，她们认为在对儿童说故事的过程中，主角应是"绘本故事"本身，说故事的人只是一个故事的传达者而已，因此传达者必须要能忠实地将绘本故事中的实际内容——"原汁原味"地传达给儿童，不用加入太多个人的表现，或是一些看似花哨但事实上并不需要的赘词累语，让儿童直接和绘本故事面对面地从文学（文字的倾听）和美学（图像的关注）的角度来欣赏绘本故事。也因此，"小大读书会"中说故事的人在对儿童说故事与读绘本时，常是面对儿童，手持绘本，尽量持守"有字读字，无字静静翻书"的原则，一字一句忠实地诵读绘本故事的文字给儿童听。

"小大读书会"提倡的读绘本说故事的方式，与钱伯斯描述的大声为孩子读书颇为相似，强调作品与听者（孩子）之间的直接对话。这种方式"简便、安全"，一来人人都做得来，无需专门训练和琢磨说故事的技巧，二来孩子可以专心于阅读本身，完整地享受故事，不会被大人的许多没有必要的解释、提问或花哨的引导所干扰或误导。不过"小大读书会"也并非完全排斥说故事的表演性，"有时为了增添故事文字的趣味性与可读性，也可以在诵读中适度地以情感及不同语调来加强声音的变化与想象，吸引儿童对故事的关注"。

另一个推广说故事的团体"毛毛虫儿童哲学基金会"，则有非常不同于"小大读书会"的看法。他们从"思考学习"的角度出发，认为我们之所以会说故事与读绘本给儿童听，其实主要的目的乃是要藉由故事来引发儿童：（一）对故事情节的趣味处与疑惑处产生"关切"；（二）由故事情节的联想，进而去觉察自己生活现实上可能面对的"问题"；（三）然后，就这些儿童的"关切"与"问题"，跟儿童进行思考与讨论，从而逐步引导儿童学习与养成合理思考的习惯。因此绘本故事对于"毛毛虫儿童哲学基金会"说故事的人来说，它只是一个引发或引导思考讨论的中介媒材，在说故事的过程中，重要的是，说故事的人如何去觉察儿童在听故事中所关注的问题与疑惑处，并且要能适时点出这些问题与疑惑处，和儿童们进行有效的思考与讨论。

毛毛虫儿童哲学基金会提倡的方法，也被描述为以"讨论"为主调的"插嘴法"（或称为"合作思考法"）。它对说故事人的要求相对较高，他必须是一个相当有经验的阅读者，否则他的引导可能会变成毫无意义的发散甚至是误导；而且他还应该能胜任儿童活动的"主持人"，否则面对一群孩子时可能会导致现场混乱，孩子们的思绪天马行空而无法聚焦。这种方法与钱伯斯提倡的"聊书"非常相似：钱伯斯强调"有经验的成人阅读者"在阅读循环圈中起核心作用，他需要适时地引导和主持孩子闲聊或讨论阅读的对象，而且这种讨论不一定放在读完书之后，也可以在读之前和读之中，其主要目的是解惑，并激发孩子一读再读的兴趣。因此，这种"聊书"其实是儿童阅读中不可分割的一部分。

上述两个儿童阅读推广团体的主张哪一种更有道理呢？我认为都很有道理，而且实践证明，他们对台湾地区的儿童阅读推广也起到了很大的作用。但是，为什么这两种主张如此不同，甚至还有些对立呢？这便是问题的有趣所在。

"小大读书会"的主张非常务实，他们在努力提供一种简便的方法，让阅读活动切实有效地开展起来。它打破了"只有专家才能引导孩子阅读"的刻板印象，让兼具文学与艺术价值并与孩子十分亲近的图画书，借助朗读者之"传达"而直接充当了阅读引导者的角色。但另一方面，这种方法也对充当传达者的大人充满怀疑和戒备，它的潜台词是：至少在图画书的阅读中，大人的理解可能远不如孩子，但习惯于做教养者的大人可能僭越主导者的角色——事实往往如此，但挑明来讨论也难免伤及热心传达者的自尊心。因此倡导者对这一话题不予讨论，只提供了一种看似僵化的说故事方法。虽然，没有讨论会导致阅读的某种不充分，但不良的讨论可能导致的伤害和破坏更为惨重，两害相较择其轻吧。

毛毛虫儿童哲学基金会的主张，源自美国哲学教育家马修·李普曼（Matthew Lipman）的儿童哲学观，它试图在还原哲学的日常化、生活化、非学者专有化的本来面目。这种主张认为儿童有能力学习哲学、学好哲学，或者更确切地说是"做哲学"

（doing philosophy）。它把给孩子读绘本说故事看作群体探究的一种方式，通过活动让孩子学习思考、享受思考。因此，他们自然无法选择"有字读字，无字静静翻书"的模式。而对于为孩子读书、说故事的大人，这种方法也抱以更为宽容、包容的态度，大人只要放下"训导者"的架子，积极参与到合作探究的阅读活动中，同样也可以"做哲学"。哲学并不是哲学家或哲学研究者的专利。所以，要选择采用这种说故事的方法，首先要克服观念上的障碍。

虽然争论不可避免，但在实践中，实际上不可能只采用上述的一种方法而忽略另一种方法，根据不同的对象、不同的场合以及不同的故事，我们常常会灵活选择，因为孩子会激励或纠正我们。"事实上，当我们对儿童多说几次故事、多累积几次经验之后，你将会发现只要'能说得自在，儿童也能听得快乐'，那就是最好的说故事的方式了。"（引自《爱在阅读里：故事志工阅读推广手册》）

🏃 读书会的由来

考察台湾地区的儿童阅读运动，说故事与读书会起到了重要的推动作用。有关台湾地区读书会的发展状况，前面第六章曾做过简略介绍。与古老的"说故事"艺术相比，读书会还很年轻。

20世纪初，第一个读书会诞生于瑞典。当时瑞典的工业化程度不高，贫穷，人口却日益增多，加上社会和经济的不平等、高比率的文盲，造成动荡不安的局面，导致民众运动兴起。"改革人士逐渐发现：缺乏知识是组织发展和社会改革的主要障碍，而要充实社会改革所需的知识，却无法由现存的教育制度中获得，因此有必要寻求其他的管道。"（引自《读书会专业手册》，台北张老师文化事业股份有限公司，1997）

1902 年，瑞典戒酒运动的领导人奥尔森（Oscar Olsson），受美国"湖区文化运动"（Chautauqua Movement）的启发，在瑞典的隆德（Lund）创立了第一个读书会。屈书杰在《瑞典的大众成人教育》一文（载于《开放教育研究》，2004 年第 4 期）中介绍："一开始，人们从参与者中选出一位领导者，就一些文献资料，通过成员彼此的交谈而获得知识。聚会通常由参与者选择自己的学习材料，并计划自己的学习活动，费用仅限于购买教材。"1905 年，瑞典国会"主张由政府拨款购买教科书，读书会开始获得政府的支持。1947 年，议会当局决定对读书会提供更多的经费补助，读书会的发展更为迅速。20 世纪 50 年代，全国的读书会超过 5,000 个。到 70 年代末，总数近 40 万个。1997 年，读书会的数量为 336,037 个，平均学习时间 35～40 小时，总参与人数达到 2,844,356 人"。这个数目大约相当于当时瑞典人口总数的三分之一，而这里统计的人数只是成年人，换句话说，大约一半的瑞典成年人参与了读书会。

瑞典读书会始于民间运动，但它的发展离不开政府的支持。政府在正式教育文告中界定，所谓读书会就是"一群朋友，根据事先预定的题目或议题，共同进行一种有方法、有组织的学习"。对于符合规定的读书会，政府还会在经费上给予资助。"具体要求为：读书会成员须在 5～20 人之间，而且在四周内至少有 20 小时的研讨，每次研讨时间不超过 3 小时。补助的标准为教材费用及领导者津贴的 75% ~ 90%。"

在读书会的历史上，另一个著名的体系是美国的"名著读书会"，它起源于 1931 年的芝加哥大学。当时芝加哥大学校长哈钦斯（R. M. Hutchins）不过 32 岁，他与另一位不到 30 岁的哲学系负责人艾德勒（M. J. Adler）志趣相投，他们为大学生开办每周一次的名著读书会，也就是共同阅读西方名著并进行讨论。哈钦斯校长在 22 年的在任期间，从未间断过这一课程。1947 年，他与艾德勒在芝加哥又共同创办了名著基金会（The Great Books Foundation），基金会本身是一个非营利的教育组织，旨在推动所有人来阅读并讨论名著。早期，它吸引了不少社会名流和有名资本家的加盟，因此声名大振且资金雄厚，芝加哥市的市长也宣布支持。从 1962 年开始，这个基金会将计划拓展到儿童，也为学龄前儿童一直到中小学生推荐适合的名著。每年名著读书会在全国各地举行数百场"工作坊"，它推广的最重要的方法是"合作探索式的讨论"。有关名著读书会倡导的阅读方法和部分书单，可以参考艾德勒与范多伦合著的《如何阅读一本书》（*How to Read a Book*，商务印书馆，2004）。

台湾地区的读书会最早出现在 20 世纪 20 年代，早期的读书会因意识形态问题而被当局压制，至五六十年代逐渐没落。"八〇年代，台湾地区读书会再度萌芽，以妇女为主要成员的社区型读书会，确实发挥了开疆辟土的功效。推其原因，除了社会开放与政治民主化之外，妇女的自主性与成长动机增强，以及妈妈们阅读讨论大抵以亲职教育为主的软性题材，较少涉及政治、思想，对统治阶级威胁不大，也是她容易被接纳与迅速发展的原因之一。"（引自《读书会专业手册》）

80 年代之后，读书会在台湾地区蓬勃发展起来，特别是1995 年台湾地区教育主管部门将读书会列入社教工作重点，1996 年台湾"文化建设委员会"推行"书香满宝岛"计划，也将读书会的辅导列为主要工作。从此，读书会的发展更为迅猛。推动台湾地区读书会的力量大抵包括：行政机关、学术机构、文教机构、民间团体、各级学校、社区人士、企业人士、个人旨趣等等。在 2000 年，据蔡佳玲在《人文情怀的阅读运动》一文（载于台北《新书资讯月刊》，2000 年第 5 期）中的介绍，在台湾地区的出版物中，仅关于如何经营读书会的专题读物就有 40 种以上。由此可见一斑。

　　读书会的学习不同于传统的在学校学习，《读书会专业手册》中列举了如下特有功能：

　　　　1. 读书会鼓励自我导向的学习，而非依赖教师、专家或是教科书的权威。
　　　　2. 读书会具有弹性和可接近性的特质，无论主题内容、时间、地点都可由成员自行选择。
　　　　3. 读书会善用成人的生活经验，透过分享与讨论增进彼此的知识。
　　　　4. 读书会的主题往往与成人切身生活相关，对实际有用知识的需求，是成人参与的主要动机。
　　　　5. 读书会的进行强调平等、民主、尊重的态度，增进成人的民主素养。

　　从以上瑞典、美国以及我国台湾地区的读书会发展来看，读书会的形成与发展是民众教育意识觉醒的具体体现。它原本主要应用于成人教育，从最初的扫盲教育，延伸到精英文化教育。由于特殊的历史原因，台湾地区最近几十年发展起来的读书会，从妈妈读书会、亲子读书会起步，逐步扩展到生活的各个领域，但由于社会各界普遍聚焦于儿童阅读，因此相关内容读书会的发展更为引人注目。社会上的亲子读书会与学校里的班级读书会，两相呼应，合流为一股强大的推动力。

多年的读书会与说故事的推广，在台湾地区造就了一大批对童书富有鉴赏力的成年人，其中至少有一代人浸染在这样的阅读活动中长大，这对于儿童阅读社会生态的改善帮助巨大。这种起源于民间的阅读推广，反过来影响了教育的格局和童书出版的格局，以台东大学儿童文学研究所、毛毛虫儿童哲学基金会等为代表的学术研究机构，也深入参与到推广活动中。这些方面都非常值得学习和借鉴。

📕 说故事与读书会在中国大陆

如前所述，说故事这门古老的艺术在中国曾经发展到极致，可是非常遗憾的是，这门艺术基本已退守在电子媒介中，而且与儿童阅读的推广没有半分瓜葛。说故事就是说故事、阅读就是阅读，两者全无关联。

在大陆，将说故事的方式运用于推广儿童阅读，特别是与"大声为孩子读书"相结合，是进入 21 世纪之后才开始的。而且，不是从传统中的继承，而是从欧美、日本等国家，以及我国台湾地区的经验中借鉴的。

日本白杨社驻中国的办事处，大约从 2002 年开始就委派员工到北京多家幼儿园，上门免费读讲图画书故事。这是据我所知，在北京第一家以推广阅读为目的有计划地为孩子说故事的机构。后来，它成立了蒲蒲兰公司，并从 2004 年下半年开始在首都图书馆，开展每周一次的公益说故事活动。这种活动并没有立刻受到欢迎，有时候只有两三个家庭带着孩子去听故事。2005 年 10 月北京蒲蒲兰书店成立后，还在书店专门开辟了说故事小剧场。蒲蒲兰在通过说故事推广图画书和儿童阅读方面，虽然没有获得直接的热烈响应，但产生了很好的示范效应。

几乎在同时，热心的推广人王林博士以人民教育出版社网站小学语文论坛为基地，向小学语文教师们强烈推荐台湾地区儿童阅读推广的经验，主要侧重于班级读书会的推广。他在论坛上发表的《"班级读书会"之不完全攻略》一文引起极大反响，该文被广泛地转载，并在后来几年许多老师的实践中成为引用率最高的"文献"。特别是王林在文章中推荐的崔利斯的《朗读手册》和钱伯斯的《打造儿童阅读环境》，大大开拓了教师们的眼界，对扬州"亲近母语"的阅读实验课题也产生了直接的影响。

我在上述推广过程中一直充当积极的参与者和见证人的角色。网络是这一推广过程中最神奇而不可捉摸的力量。最初，我主要在小语网和新浪网亲子论坛上，和很小范围的教师及家长交流。其间，整理了大量的读书笔记放在网上供大家分享，并结合自己的实践回答问题、交流探讨。在网下，红泥巴读书俱乐部也积极推动结合"大声为孩子读书"的说故事方法与班级读书会，虽然起初的成效甚微，但一直在坚持。

大概从 2005 年上半年开始，大量的反馈信息扑面而来。越来越多的家长开始为孩子大声读书，越来越多的老师开始举办班级读书会活动，越来越多的地区开始开展各种各样的阅读活动。一些儿童文学研究者和作家，也从书斋里走出来，到各地去为家长、老师和孩子说故事、讲阅读方法。

2006 年首都图书馆与红泥巴读书俱乐部共同发起"播撒幸福的种子"儿童阅读推广计划，主要内容是开办"种子故事人研习班"，培养种子故事人，到各地图书馆、阅览室、社区和学校去为孩子们说故事。自 2007 年第一期开班以来，到 2022 年已经举办了 12 期，为北京与周边地区培训了 3000 多名说故事志愿者，通过考核获得授牌认证的种子故事人有 500 多名。我还参与过深圳、温州、大连等地举办的类似的地区性的故事人培训活动，不同地区有不同的特色。比如 2012 年开始的以深圳市少年儿童图书馆为基地举办的"阅读推广人"培训班由政府牵头，经考核通过结业的学员由深圳读书月委员会、深圳市文体旅游局颁发"阅读推广人"结业证书，培训活动与实际的阅读推广活动相结合，并不限于说故事的培训。

首都图书馆的"种子故事人研习班"中，我是总体课程设计人兼主要讲师之一，该班的研习内容主要包括四个方面：儿童文学的素养；对儿童与儿童教育的理解；与儿童沟通的能力；面对儿童群体说故事的经验。主要围绕图画书的赏析与研读、图画书的讲读与活动设计方面开展活动，主办方每期为志愿者提供至少六次专题讲座和若干次实习说故事活动，并且鼓励学员自发组成小组，就近开展实习活动，这种活动本身也是在做阅读推广。

"种子故事人研习班"故事人讲述十要点与三大成功秘诀

起草人　阿甲

种子故事人讲述十要点与三大成功秘诀

★十要点

1. 自我介绍： 说故事不宜慌张开始，要与听众有沟通，这是良好合作的开始；自我介绍大体上宜简略，可以有创意变花样、快速拉近与听众的距离。

2. 恰当引入： 引入类似序幕的功能，目的是引起听众的兴趣，为进入情境制造氛围，也让自己适当放松；引入也鼓励创意，但不宜太长，点到即止，快速进入正题。

3. 要抬头： 抬头观察听众，适时沟通（眼神与动作往往足够），另外可控制节奏，讲故事的节奏往往需要根据听众的现场反应而适当调整。

4. 慢慢读： 实际上说故事的速度并不是越慢越好，而是根据故事的要求恰当调整；但初学者最容易说得太快，往往需要一段时间的实践才能渐渐慢下来接近正常速度，一旦紧张又会快起来。所以一开始不妨"强迫"自己慢一点、慢一点……

5. 手持书（即使有PPT）： 面对儿童的说故事，其目的是帮助孩子喜欢阅读书本身，形式上是为书、为阅读做广告，手上没有书，广告效果大打折扣。

6. 画面对读者： 图画书或有插画的书，让画面对着读者（即使较远的看不清）能起到一定吸引注意力的效果，所以方向也要注意适当调整。

7. 有互动（少提问）： 以故事为主线，充分尊重原书作者、画家设计的结构与节奏，不轻易用提问打破，除非是有助于推动故事进程的有趣问题；互动可以通过眼神、动作，更重要的是通过语气、声调的变化和停顿，鼓励听众反应。

8. 稳定、平和、自然： 总体上以书为主角，一般情况下故事人不宜"抢镜头"。

9. 声情恰当： 在充分揣摩故事的基础上，可以根据需要声情并茂地表现，也可以适当夸张，但掌握好尺度，牢记书才是真正的主角。

10. 收尾简洁（请鼓掌）： 到故事结尾处清晰简洁，留有余味，也留给听众鼓掌的空间。通常不鼓励提问，如希望研究与听众深入交流的技巧，另作专题探讨。

★三大成功秘诀

第一是**选书**——选自己发自内心喜欢的好书；

第二是**选书**——选适合听众的能打动他们的好书；

第三**还是选书!** ——根据当时故事的场合选择契合的书。

2009 年 7 月开始，我和萝卜探长主持了第一期的"红泥巴童书名著研读会"，研读小组成员设定在 10 ～ 15 名（包括主持人），每期集中讨论 7 次。第一次为预备会议，讨论并投票决定本期要研读的主题与相关童书，研读对象限定在童书世界里的名著。小组成员均为成年人，以自助合作的形式，自主选择想读的书和想讨论的话题。通常经过一个月的阅读后再集中讨论一次。最初，我只是抱着尝试的心态，邀请一些同好参照《读书会专业手册》的建议进行体验，但很快得到了积极的响应，参与者感到收获很大，愿意一读再读，并且发动更多书友来加入，于是到了第二期就不得不分成了两个小组。

有本小说《根西岛文学与土豆皮馅饼俱乐部》（*The Guernsey Literary and Potato Peel Pie Society*）很好地诠释了这种读书会的魅力。这种以书为媒的自助交流形式，提供了日常生活中比较缺乏的纯因兴趣而进行的精神互动，实际上并非每个参与者都是那么酷爱阅读，但每个人在表达和聆听的过程中都会有不少收获，往往在情感上也获得了一定的支持。后来，我们也破例研读了这本并非童书的小说，感觉就像在照镜子。到了 2012 年，从研读会衍生出一个新的小组，由我来带队，研读并翻译了《亲爱的天才：厄苏拉 · 诺德斯特姆书信集》（*Dear Genius：The Letters of Ursula Nordstrom*），配套编著了《童年的力量：二十世纪美国童书天才那些事儿》，后来接着翻译了《图画书为什么重要：二十一位世界顶级插画家访谈集》（*Show Me a Story！：Why Picture Books Matter：Conversations with 21 of the World's Most Celebrated Illustrators*），这些很有分量的童书参考书证明了研读会在研究方面可能的价值。

从 2010 年 5 月开始，童书名著研读形式引入前面所述的合肥地区"石头汤悦读校园联盟"项目中，主要作为教师阅读教学培训的一部分。在我和萝卜探长的建议下，每个项目学校先自行组建一个"童书名著研读工作坊"，建议平时 3～4 周开展一次校内研读交流活动，而在每月回访时，我们会主持开展一次校际联合的研读活动。在克服了最初的陌生与些许尴尬后，教师们渐渐表现出相当浓厚的兴趣与热情，当他们开始只为自己（而非为了孩子或教学任务）来研读童书时，一定程度上唤醒了自身的童年状态，即使是完全没有儿童文学背景的教师，也能很快体验其中的妙处，并开始以童书为媒与身边的孩子积极交流。事实证明，**围绕童书开展的读书会是教师儿童文学素养培训最好的方式**。在那之后，我们在北京海嘉双语学校、天悦国际学校和宁波赫德实验学校等学校的推广实验中，多次证明了这一点。

童书名著研读工作坊攻略（教师研读工作坊行动篇）

起草人　阿甲

童书名著研读工作坊攻略

★创建的需求和条件

1. 童书是语文教育最重要的资源库；

2. 童书是儿童教育最重要的资源库；

3. 不同级别的童书发烧友浮出水面；

4. 学校的支持，工作的需要，成长的渴求……

★创建工作坊的要点

1. 一个好名字，一个好环境，一群同好；

2. 基本组织结构：发起人、领导人、主持人、宣传委员、组织委员、学习委员、财务与后勤……

3. 建议人数每组不超过 30 人。

★读书会基本模式：合作 + 分享 + 体验

1. 先讨论确定研读对象：一本书；同主题书；作家或画家专题……

2. 分工与准备：阅读、资料交换、准备过程中的交流；周期建议 3～4 周；

3. 集中讨论：准备充分的主题发言（＜10 分钟）；临场交流（＜5 分钟）；

4. 主持人的魅力，引导与控制；

5. 民主与自由是读书会最基本的原则。

★研读会主持人（领导人）

1. 主持人是最为重要的角色；

2. 主持人是最辛苦的：需要对主题有最为全面的了解，做最多的功课；

3. 主持人是最"憋屈"的：准备得最多，但要尽可能克制，多邀请别人发言；

4. 主持人需要最多创意，激发所有人参与；

5. 主持人也应该是最有收获、成长最快的。

第九章

传播学的启示

- · 图画书——猜猜我有多爱你
- · 你不能不传播——推广只是一种选择
- · 怎样传播最有效?
- · 新媒介环境下的新问题

图画书——猜猜我有多爱你

2007 年 1 月，一年一度的全国图书订货会在北京国际展览中心举行。虽然表面上看订货会与往年没有太大的差别，但在童书领域，一个令人心动的变化正在悄悄地发生着——展示图画书的出版社越来越多、越来越分散，而且开始关注的经销商也越来越多。我当时不无激动地预言："一两年后，一定有图画书选题的大爆炸。"（参见陈香采访稿《阿甲：图画书大爆炸》，《中华读书报》，2007 年 1 月 17 日）半年过去后，我发现这个预言仍然保守了，就在 2007 年上半年，图画书的出版已经呈现了"爆炸"的势头。几乎每个星期，都有一批图画书涌向市场，而且出版速度越来越快。2007 年当年大约就有 500 种新版图画书涌现，是前 10 年累计出版总量的两倍左右。

我在 2021 年出版的《图画书小史》中回顾过中国大陆图画书的发展简史，由于种种原因，我们这一轮的起步大概始于 2002 年。那时的童书市场是另一番景象。大约在 20 世纪 90 年代中期开始，曾经有一批图画书出版过，但由于在市场上几乎无人购买，它们渐渐绝迹。在 2002 年市面上还能找到的品种主要是三个系列：雅诺什（Janosch）绘本 10 册（春风文艺出版社，1999）、米切尔·恩德（Michael Ende）童话绘本 6 册（21世纪出版社，2000）、彩乌鸦等德国引进绘本 15 册（21 世纪出版社，2000）。有意思的是，它们都是从德国引进的图画书，其中雅诺什和恩德是德国家喻户晓的当代儿童文学大师。这些图画书的出版质量都不错，而且定价也基本在 10 元以内，普通读者完全有承受能力。可是它们却无一例外都处于严重的滞销状态。究其原因，主要是在当时的童书市场上它们显得过于"另类"，偏重图画，文字偏少，而且看上去没有多少"知识含量"。不过，与大众读者的冷淡相对应，评论界对它们表现出很大的热情。在2002年出版的《中国儿童文学5人谈》（新蕾出版社）中，几位研究者多次提到雅诺什绘本与恩德童话绘本，并给予了很高的评价。还有一群作家和儿童文学发烧友在媒体和网络上发表了热烈的书评。我曾在《雅诺什绘本的中国旅程》一文（载于《中华读书报》，2007年3月14日）中记录了这段历史。

我当时就不可救药地迷上了雅诺什的绘本，它们以那种成年人的世故与顽童的朴拙纯真的完美融合，透射着人生哲理，回味悠长。我亲手为它们做了一个"雅诺什的世界"网站[1]，并在红泥巴书店极力推荐并销售。最初，它们仍然很难被人接受，每个星期只有一两位读者真正感兴趣，但我们在努力尝试。我们主要在做三件事：第一，通过红泥巴网站和网上多处家长聚集的论坛介绍、推荐和讨论；第二，通过邮寄的会员图书目录多次以不同方式深度介绍；第三，在各种各样的场合为孩子和大人说故事。我主要从"这是一套非常适合由大人读给孩子听、与孩子分享并讨论的书"的角度向大家推荐，也就是说，在推荐书的同时也配合介绍亲子阅读的方法。推广的进展非常缓慢，却也日见成效，越来越多的读者（主要是妈妈们）开始在网上相互推荐并讨论，有时讨论得很有深度，不但讨论文字

---

[1] 作者注："雅诺什的世界"网站 http://www.hongniba.com.cn/club/janosch/。

故事的内涵，而且还讨论到图画中隐藏的许多细节。2003年底，在我和萝卜探长合作撰写的《让孩子着迷的101本书》中，我们再次深度介绍了雅诺什绘本与恩德童话绘本。

到了2004年，雅诺什绘本已经成为网上妈妈群体中被高度认可的图书，大家开始争相买来为孩子讲读。销量自然随之快速增长，2004年底，在一个月内仅红泥巴书店一家就销售了4000多本。不过，由于种种原因，最初的版本一时绝版了，直到2007年另外两家出版社才重新引进出版。

从完全滞销到渐渐深入人心，雅诺什绘本只是早期图画书推广中的一个案例。前面提到的恩德童话绘本与彩乌鸦等德国引进绘本，也都通过推广而成功地存活了下来。从2003年开始，越来越多的出版社开始着手出版图画书，而且从一开始就留意到推广的重要性。在2003—2006年期间出版的大部分品种，都成功地存活了下来，虽然销售数量并不惊人，但也一版再版，为整体图画书的出版提供了坚定的信心和宝贵的经验。其中最值得一提的，是少年儿童出版社（现已改为明天出版社）2005年出版的《猜猜我有多爱你》。

《猜猜我有多爱你》是来自英国的图画书，1994年出版，由山姆·麦克布雷尼（Sam McBratney）撰文，安妮塔·婕朗（Anita Jeram）绘图，正文只有32页，内容看上去也很简单。它讲述一只大兔子哄小兔子睡觉，小兔子让大兔子猜猜"我有多爱你"，接着伸长手臂说"我爱你有这么多"，于是大兔子也伸长手臂比画。两只兔子换着花样比画着，创意不断，饶有兴味。直到最后小兔子在大兔子怀里甜甜睡去。这本图画书看起来十分简单，却有一股直接打动人的力量，因此在世界范围内很快得到了读者的支持，根据《出版人周刊》2019年10月1日的报道，在全球畅销逾4300万册。中文繁体版在2001年由中国台湾地区上谊公司引进出版，征服了许多中国台湾地区的读者。

这本书的中文简体版在出版之前已经炒得沸沸扬扬的了。先是有多位专家在各种有关儿童阅读的讲演会上讲述了这个故事，再是中国出版工作者协会幼儿读物研究会的刘媛华在《父母必读》2004年8月的专栏文章中推荐了这本书。接着，上海信谊公司传出即将由少年儿童出版社出版该书的消息。一时间，网上网下的妈妈群体间开始广泛传播这一故事。在该书正式出版前三四个月，不断有读者到处打听何时出版、怎样能买到，甚至还有一些非家长的读者也在打听，他们认为它也可能是一本有关"爱情"的书，希望能与伴侣一起分享！一个如此简单的故事，非常适合口口相传，即使只听过一遍，也可以按照自己的理解讲述给身边的人听，而且总忍不住要去讲述。这大概是图画书故事所特有的魅力吧。

2005年3月，《猜猜我有多爱你》中文简体版刚刚上市，立刻引来了读者的追捧，虽然远不如国外及我国台湾地区的读者那么热烈，但也在大陆图画书出版史上创下了空前的佳绩。由于版权费用很高，而且是全球统一造货（即由英国出版商指定并监制印刷），它曾以29.8元的定价创下了当年单本图画书最高的定价纪录，但并没有妨碍它以相当快的速度销售、不断重印。至2007年，它在大陆已销售逾7万册，几乎可跻身于畅销书的行列，这在当时也是大陆图画书销售的最高纪录。随着图画书的热度不断升温，这项纪录在不断刷新，到2022年，这本书的简体版销量已超过900万册。

这本书以及与其品质相似的一批优秀图画书，如《爷爷一定有办法》《逃家小兔》《爱心树》《活了 100 万次的猫》《你看起来好像很好吃》以及"可爱的鼠小弟"系列等，它们的成功推广直接带动了图画书市场，并培育了第一批相对稳定的读者群，与之伴随的亲子阅读方法也渐渐深入人心。受此鼓舞，越来越多的出版商加入了图画书出版的行列。与此同时，原创图画书也渐渐丰富起来。2016 年，由孔子学院总部组织策划的"中国孩子的书香世界"绘本展，面向全国征集已出版的中国原创作品，组织专家精选 200 种带到法兰克福书展上集中展示。我参与了选书和展览的过程，来观展的德国童书艺术家非常惊讶，没有想到中国已经出版了这么多优秀的作品。

对于 2002 年以来大陆图画书市场快速增长的原因，有两个观察的视角特别值得关注。

其一，由台湾学者林文宝教授提出，他认为图画书的发展与社会经济的发展，特别是人均收入的状况，有非常密切的关系。比如台湾，在 1976 年左右人均所得达到 1000 美元，在 1980 年增长到 2000 美元，也正是在这两个阶段，台湾图画书有两次飞跃的发展（台湾图画书的发展状况可参考《台湾图画书发展年表》，载于台东大学儿童文学研究所《儿童文学学刊》，第 10 期）。根据国家统计局 [1] 公布的数据，在 2002 年全国（不含港澳台地区）人均 GDP 达到 9506 元，相当于 1100 多美元；而从城镇居民的消费水平来看，北京、上海、广东、浙江等地居民消费绝对值都已超过万元。到 2006 年，人均 GDP 达到

---

[1]　作者注：国家统计局官方网站 http://www.stats.gov.cn。

16738 元，已超过 2000 美元，城镇居民人均可支配收入 11620 元。从这一视角观察，大陆图画书市场的起步的确并不偶然。

其二，作为一名实践者与见证者，我认为，社会各界人士合力推广儿童阅读，是促成图画书市场成型的主要契机。这一推广过程，成功融合了多种类型、多层次的传播方式，既有最传统的模式，也有最现代的模式，延伸了传播的广度与深度，既改变着人们的行为方式，也深刻地改变着人们的观念。因此，以传播学的视角进行观察和总结，可以为儿童阅读的进一步推广，改良社会生态环境，提供最有价值的方法。

⚑ 你不能不传播——推广只是一种选择

说到传播，许多人会自然地想到新闻与宣传，或是在报纸、杂志上发表文章，或是在广播、电视上发布信息和阐述观点，或是在公共场合发布广告，等等。换句话说，传播看来是特定的人在特定的场合做的特定的事情，而且肯定是有目的的作为。这是一种欠缺完整性的印象，它把传播的概念局限于依赖大众媒介的大众传播。

虽然传播学作为一门学科诞生于 20 世纪的美国，但它所研究的对象——传播——从人类诞生之初就早已有之（假如不算上动物之间的传播行为的话），而且无时无刻不伴随着人类。

范围最广泛的传播概念，还包括一个人对自己的内向传播。如特里·K. 甘布尔(Teri K. Gamble)与迈克尔·甘布尔(Michael Gamble)的《有效传播》（Communication Works，清华大学出版社，2005）中所述，"在内向传播时，你是在思考自己，与自己谈话，了解自己，为自己寻找合理性，并对自己做出评估"。

内向传播，又被称为"自我传播"或"人内传播"。表面上看是孤立的行为，但实际上受外部信息的影响，并反过来对外产生影响。如果把人体本身看作一个完整的信息传播系统，信息的输入与输出都与自然和社会环境保持着普遍联系。《论语》中"吾日三省吾身：为人谋而不忠乎？与朋友交而不信乎？传不习乎？"就是典型的例子。所以说，内向传播实质上也是社会性的，而且是其他一切传播活动的基础。

不过，在大多数讨论传播的场合，传播概念的范围通常指人际传播、群体传播、组织传播与大众传播。在我看来，传播学主要是为我们研究社会生态提供了多种有益的方法和思路。在这里我从中撷取一些有趣的东西来分析有关儿童阅读推广的问题，我认为这些方法和思路对于改善儿童阅读社会生态颇有帮助。

传播学有一条"公理"：**你不能不传播**。（参见《有效传播》）

这并不是说，你有义务传播，比如，有义务去向别人宣传"儿童阅读，善莫大焉""应该为孩子大声读书""需要改善儿童阅读环境"云云。它的意思是说，无论你是否有传播的欲望、是否有目的地去进行传播，你实际上都有可能在不知不觉地传播着某种信息。

有一本很好玩的图画书《一个超级棒的朋友》（*A Splendid Friend, Indeed*，又译《最好的朋友》）：

一头白熊正在安静地读书，一只嘎嘎叫的鹅跑过来，很开心地问熊："你在干什么？你在读书吧？我也很喜欢读书呀！"

熊放下书，拿起纸笔要写点儿什么，鹅又问："你在干什么？你在写字吧？我也很喜欢写字呀！"熊没办法，只得坐在那儿发呆。鹅还问："你在干什么？你在想问题吧？我也很喜欢想问题呀！"幸好，鹅又说："哎呀，我一想问题就肚子饿啦！"于是鹅终于离开一会儿，然后端着食品饮料回来了。鹅吃了几口，想了一会儿，就用熊丢掉的纸笔写道："你是我超级棒的朋友！"然后读给正在发愁的白熊听。熊也感动地说："你也是我超级棒的朋友！"最后两个小家伙开心地玩在一起。

这是个绝妙的人际传播案例。熊和鹅是两种性格的符号：前者内向、憨厚而且有点儿木讷；后者外向、热情却喋喋不休。熊明知鹅过来了，却还在安静读书，连招呼也不打。这是不是传播？当然是的，熊在无声地提示鹅——"我现在不想交谈"。此时，假如对方也是一头熊，很可能会识趣地走开。但鹅却不以为然，它大大咧咧地表示与熊有相同的爱好。熊放下书又拿起纸笔，虽然一句话也没有说，但任何人都明白它的意思——"请不要烦我，你说喜欢看书就自己看去吧"。但鹅全然不在乎熊传递过去的意思，或许是根本不懂，或许懂得但不在乎，这是故事的空白处，完全取决于读者的解释。如是者三回，熊只能躲在一角发呆了。等到鹅友好地端来食品饮料，然后写下友好的字句并读给熊听，熊终于发现，原来并不是鹅没能理解自己传递过去的信息，而是自己没能理解鹅传递过来的信息——鹅只是想和它成为好朋友！此时，深受感动的熊也打开心扉，用语言和行动热情地回馈。

这本图画书描绘了日常的人际传播中最常见的一些方式。除了口头语言和书面语言外，还有非语言的面部表情、姿势、手势、接触、空间和距离等等，图画还通过冷暖色调的对比表现了两位主人公的性格和心态，如果我们在朗读这个故事的时候，再运用适合的语气、语调，可以非常逼真地还原出一个真实的人际交往过程。

仔细想想，这样的传播几乎无处不在，包括在儿童生活与学习的环境中。

比如有些家长总是对孩子说要好好学习、多读点儿书，但自己却总是埋头看手机，或是泡在电视机或麻将桌前，从来或很少读书。这是在传播怎样的信息呢？几乎可以肯定，这种信息将严重摧毁孩子本来可能还有的一点儿学习热情。

又比如在另一个场合，在一列长途列车上，一位爸爸或妈妈正在为自己的孩子读一本有趣的书，他们乐在其中。虽然关于儿童阅读的宣言，他们一个字也没有说，但是这幅动人的场景正在向身边的旅客展示着亲子阅读的魅力。

俗语说："言传不如身教"——这是关于此类传播最朴素的说法。在儿童阅读的推广中，既需要言传，也需要身教。用传播学的术语说，就是既需要语言的传播，也需要非语言的传播。更进一步，既要重视有意识的传播，也要重视无意识的传播。因为事实上，**你不能不传播**，所以，你需要选择如何传播，以及传播什么。推广只是一种主动的选择。

在本书第一部分描述的"钱伯斯阅读循环圈"中，每一个环节——选书、"阅读"和反应——都是传播，特别是在每个环节中"有能力的成人阅读者"都在起着关键的推动作用。

比如选书的环节。山东德州一位小学校长告诉我，学校每个月都会去书店购置一批新书。他们选购书的方法很有意思，由一位老师（有时是校长本人）带着几位阅读能力较强的孩子去书店，大家一起选择，商量着决定。这种方式一方面是在培养这几位孩子的阅读能力（浏览、选择也是一种阅读），另一方面充分显示了学校对孩子们阅读趣味的尊重。但我也常常在书店里看到另一番景象，有些家长也陪着孩子一起去选书，但总是在劝导孩子选择对课堂学习有帮助的书、知识信息量丰富的书、"有用"的书，而对孩子选择儿童文学的书、漫画书、娱乐的书，总是想出各种理由拒绝。这同时在传播着两层信息：一是孩子的选择几乎总是不当的；二是阅读本应当是功利性的，人不能仅仅为了愉悦自己而读书。

比如"阅读"的环节。大声为孩子读书，或者以书为基础的说故事，显然是一种传播。传播的内容，既包含了书本身的信息，还有朗读者对书的理解，又包含了朗读者所展示的阅读方法和阅读热情。在这个过程中，也有双方情感的交流。而另一种持续默读的方法，其基本原理就是"社会学习理论"，大人以身作则，孩子们相互影响，这是一种制造环境、建立仪式、营造氛围、树立榜样的非语言传播方式。

再比如反应的环节。通过正式或非正式的聊书，重温阅读的内容，针对阅读中的困惑，引发与阅读相关的讨论，从而刺激再次阅读和延伸阅读的热情。这一过程是非常典型的人际传播（个体—个体）与群体传播（在亲子读书会或班级读书会中）。

因此，可以肯定地说，引导儿童阅读的全部过程都是在以这种或那种方式传播，如果大人愿意了解传播的规律，学习传播的技巧，将会成为更好的引导者。

同时，"你不能不传播"的公理在提醒着我们每个大人：生活无处不是在传播。如果我们真心为孩子们营造一个优良的阅读社会生态环境，可以去做的事情很多，应该避免去做的事情也很多。

🎋 怎样传播最有效？

当我们选择了有目的的主动传播（比如推广儿童阅读）后，要怎么做才能使传播产生效果呢？

纵观人类的发展史，从某种程度上也可以说，这是一个不断寻找有效传播手段的历史。口头语言的形成、文字的创造、书籍的产生、印刷术的发明、报纸的使用、电报电话的发明，然后是广播、电视、手机、互联网……每一种新媒介的诞生，都在自觉或不自觉地提高着传播的效力。自从报纸诞生后，越来越多思想家开始关注传播，大众媒介的诞生使人类传播的效力达到惊人的高度，一门新的学科——传播学——呼之欲出。

美国学者威尔伯·施拉姆（Wilbur Schramm）是传播学的奠基人。他于 1943 年在爱荷华大学，以一种传播学的观念，创办了最早的大众传播博士课程，以及最早的传播研究所。可以说，是战争与政治的需要催生了传播学，而对传播效果的研究则是传播学研究最初的动因。二战期间，另一位美国学者、著名的实验心理学家卡尔·霍夫兰（Carl Hovland）在为军方做着一项重要的研究：如何通过传播改变态度？简而言之就是：说服。当时的目的是要通过宣传而对于士兵产生说服性的效果，从而大大提升士气。这项研究为传播学引入了一个相对独立的说服研究领域，并引入了相关的实验方法。

虽然至今为止，不论是施拉姆还是霍夫兰，或是其他的传播学研究者，并没有提供有关"怎么传播最有效"的准确答案，但传播学的研究提供了一系列模型和思路，以及相关的实验方法，可以给我们许多启发。我想，关于"怎么传播最有效"的问题，很可能不会有准确答案，因为人类考察自身的行为对自身态度和行为的影响，即使是再高明的实证方法，也会测不准。但这并不妨碍人类继续充满好奇地探索着，不经意间在这里或那里获得启发。

施拉姆在《传播学概论》(*Men, Women, Messages, and Media : Understanding Human Communication*，新华出版社，1984）一书中分两章介绍了"传播怎样产生效果"，他选择了七种较成熟的模式与学说详细介绍。实际上在当时（1978 年）的传播学界，还有多种相关的模式和学说，而发展到今天，有关传播效果的理论学说更加繁复。我先借施拉姆的思路撷取其中五种略述一二。

（一）被抛弃的模式——"枪弹论"

这种模式也被称为"魔弹论"或"皮下注射模式"，形象地说，大众媒介的作用就像炮弹一样，对准靶子（受众）打过去，靶子成片倒下；或者说，媒介—受众的关系就像皮下注射一样，媒介可以把价值、思想与信息直接注射到受众个体上，直接产生效果。这种模式很难说完全是由学者发明的，但它曾经在 20 世纪二三十年代相当流行，它也反映了人们对宣传机器的恐惧心理。

这种模式在理论界早已过时，因为它完全无视受众的自省能力和能动性。但是作为一种隐喻，在某种场合，如果附加上受众之间的感染性传播，皮下注射模式也可能发生很大的威力。至少我们不能放松对它的警惕，特别是当关注的对象主要是容易被"感染"的儿童时。

（二）有限效果论

这一理论可以看作对媒介"魔术威力"的强烈批评。持这一理论的学者通过大量的实验后发现，大众媒介所产生的直接影响其实是很有限的，媒介通常只是产生效果的一种辅助的起因，它的效果是中介的，或是常常同其他影响一起发生作用。

有限效果论并没有否定大众媒介的影响力，它在这样的三个方面仍可以发挥强大的社会影响："一、大众媒介能提高社会声望地位。二、大众媒介能在一定程度上增强社会规范。三、大众媒介可以用作社会麻醉剂。"另外，媒介可能在以下条件下有重要的社会效果："（1）当只有一种观点垄断了媒介，就像在一次战争中全国站在它的领袖后面一样；（2）当媒介的努力与'疏导'性的改变相结合，不是进行广泛的和普遍的改变而是进行一种小的和特定的改变时；（3）组织面对面的交流来辅助媒介的宣传。"

（三）使用和满足论

这种研究方法是从人们如何使用大众媒介和它们能满足的需要的角度来进行研究。起初的研究发现，媒介所产生的效果取决于受众怎样使用媒介：如果为了逃避现实，是一种效果；为了说明现实，是另一种效果；为了消磨时间，又是一种效果；为了感情的或知识上的原因，又是另一种效果。

这种模式将研究的重点转向能动的受众，开辟了一片全新的天地，因此盛行一时。用一句被广为征引的话来说，它鼓励研究者"别总想着媒介对人民做了什么，而应考虑人民对媒介做了什么"。（引自《关键概念：传播与文化研究辞典》，新华出版社, 2004）这种模式将媒介的内容假设为某种固有的东西，而将受众个体假设为有理性的、目的明确的媒介使用者，因此在符合这种假设的情况下，分析是很有效的。但现实中的状况往往并非如此。比如大众媒介上的新闻很可能早已经过监管机制而过滤；又比如在新兴的互联网博客与社交媒体上，媒介的内容基本上是受众群体自造的。不过，我们仍不妨把这种模式当作一种颇为有趣的思路。

（四）采用—扩散论

这一理论主要运用于如何使用传播来支持发展工作和技术革新，所以也被称为"创新的扩散"。比方说，一种新的农作物种植方法需要在一个目标地区推广，最初技术人员帮助这个地区的个别农民进行实验，然后通过广播、电视向大家介绍相关的知识、宣传采用新技术的益处；初期实验的成功，产生很好的示范效应，此时可通过座谈会的方式由专家讲解知识，早期实验者介绍经验；渐渐地，愿意采用新技术的人会越来越多。当然，这只是一个理想的过程，任何一种创新（包括技术和观念）的扩散都是一件非常困难的事，即使它有明显的可取之处。

在此领域最负盛名的研究者是 E. M. 罗杰斯（E. M. Rogers），他也就是那本《传播学史》（*History of Communication Study*）的作者。他的另一部代表作是《创新的扩散》（*Diffusion of Innovations*），罗杰斯考察了 2000 多份关于创新扩散的实证研究报告以及 3000 种出版物，在书中系统地提出了他的扩散理论。关于创新，他是这么定义的："一种被个人或其他采纳单位视为新颖的观念、实践或事物。"而关于创新—决策的过程，他描述为这样五个阶段（参见《创新的扩散》，中央编译出版社，2002）：

1. 认知阶段——对某项创新有初次认识
2. 说服阶段——对这一创新形成一种态度
3. 决策阶段——决定采纳还是拒绝
4. 实施阶段——实施这个新想法
5. 确认阶段——确定这一决策

这一理论对于新观念、新技术的传播很有价值。罗杰斯认为："扩散是一个特殊类型的传播。传播的信息是有关一个新的观念，而观念之新奇度赋予扩散一种特质。新意味着扩散中含有某种程度上的不确定因素。"正因为有这种不确定性，人们最初普遍抱着怀疑和拒绝的态度。因此扩散传播应当尽可能有序，既包含自发的扩散，也包含自觉的扩散。这一过程实质上是一种社会变化，即社会系统的结构和功能发生变化的过程。

创新扩散理论对于儿童阅读观念的推广很有启发，我国台湾地区儿童阅读运动的过程某种程度上就是一种观念的扩散。有关这一理论，在下一章还将详细讨论。

（五）说服论

"说服"是个很古老的课题。有关这一话题，在西方被引用最多的典籍是亚里士多德的《修辞学》，它的希腊文直译过来是《亚里士多德的"讲演读本"》，它专门研究说服的规律（参见龚文庠的《说服学——攻心的学问》，人民出版社，1994）。亚里士多德认为除了无须由讲演者"制造"的证明外（如法律、见证和契约等），说服必须具有三个条件："演说者的品质，……对听众造成某种态度（的机会），论点本身（所提供的证明）。"或归纳为：信誉证明（ETHOS）、情感证明（PATHOS）、逻辑证明（LOGOS）。他还坚持，演说者的品德是所有说服手段中最有力的。这些关于说服传播的基本论点，在今天看来仍然相当完美。

在我国诸子百家争鸣的年代，留下了很多有关"说服"的言论和案例。苏秦、张仪曾将"说服术"施展到极高的程度。韩非子还写过一篇论文，道出其中的秘密：

凡说之难，非吾知之有以说之之难也，又非吾辩之能明吾意之难也，又非吾敢横佚而能尽之难也。凡说之难，在知所说之心可以吾说当之。（引自《韩非子·说难》）

韩非子认为，说服（统治者）的困难并不是：我没有富有才智的思想，我没有表明思想的辩才，我没有说服对方的胆量。最大的困难是不知道被说服的人心里到底在想什么，我如果知道，就可以用适当的说法打动他。换句话说，对于重名的人，以名引之，对于重利的人，以利诱之。反正对方想要什么就用什么来说，这样说服才能成功。

但老庄对于这样的"说服术"不以为然。老子说："信言不美，美言不信。善者不辩，辩者不善。"（《老子·第八十一章》）庄子则说："夫大道不称，大辩不言……"（《庄子·齐物论》）——这是说服的另一个境界，已经远远跳出了纯技术性的层面，耐人寻味。

现代"说服学"的发展主要在西方。

施拉姆在《传播学概论》中主要介绍了霍夫兰的研究成果。霍夫兰本是一位实验心理学家，因为战争的需要被拉入传播学的研究中来，他为这门学科带来的首先是一套严谨的实验方法。

霍夫兰等人的研究成果归纳起来主要包括这样一些要点（引自《传播学史》，上海译文出版社，2005）：

1. 高可信度的信源在传播行为之后会立刻导致较多的态度变化，但是，某种潜伏的效果也会发生，在这里，信源在一段时期后会被遗忘。

2. 比起强烈的恐惧呼吁，温和的恐惧呼吁导致更多的态度变化。宣传者经常使用恐惧呼吁，但强烈的恐惧信息可能干扰意图中的说服尝试。

3. 对于教育程度和（或）智商低的受众来说，一面理的信息导致更多的态度变化，而对于教育程度高和（或）智商高的受众来说，两面理的信息会引起更多的态度变化。

4. 在一个信息中陈述一个结论，这比起让结论含而不露的做法来，导致更多的态度变化。这里，对于一个信息要点的澄清似乎增加了它的说服力。

5. 在社会上感到不适应和自我评价不高的人，比起干扰性的和在社会上离群索居的人来，经历了更多的态度变化。一种强烈的自我评价能够提供对于说服信息的抵制。

6. 积极参与说服过程的人（诸如通过大声阅读一个信息，或提出一个特殊的观点）比起更加消极的参与者来，具有更多的态度变化。

7. 在一个与群体标准相反的问题上，受群体强烈吸引的个人具有较少的态度变化。这个发现类似于来自群体动力学研究的概括，即群体的内聚力鼓舞群体的个体成员遵守这个群体的规范。

在霍夫兰之后，还有许多学者继续研究着这门古老而多少有些神秘的"说服学"，包括一些技巧性的研究，发现通常应用于说服方面有多个重要技巧：采用图像、诉诸幽默、诉诸性感或重复的效果等等。

在传播效果的研究领域，还有一些很有意思的模式和理论，比如媒介的"议程设置"（agenda setting）、"知识沟假说"

（knowledge-gap hypothesis）、"沉默的螺旋"（spiral of silence）等，另外还有一些理论却在探讨"如何防止传播生效"。比如，由于宗教信仰、意识形态或伦理观念等方面的原因，我们可能认为某些信息的传播是不良的、不利的，但是也没有特别好的方法阻止这种信息传播。怎样才能防止这种传播产生不良影响呢？有一种理论从医学里借来思路，先让受众有计划地接触处于微弱状态下的不良信息，从而刺激个体产生"抗体"。它被称为"预防接种"理论（inoculation theory）。这在虚假信息满天飞的时代，也是很有必要的研究。

新媒介环境下的新问题

本书第一部分提到玛丽安娜·沃尔夫撰写的《普鲁斯特与乌贼：阅读如何改变我们的思维》，在这本书中，她谈及阅读脑神经回路的可塑性及其重要意义，从神经科学的研究角度探讨了阅读对人类发展的重要贡献。她花了 7 年的时间来描述在接近 6000 年的历史中，大脑是如何学会阅读的。但随着这本书的出版，并被越来越多研究者和读者接受，沃尔夫渐渐意识到，周遭的文字世界正在悄然发生着变化，那就是日益加速的数字化。当她的日常交流与研究渐渐被手机、电脑和网络占满时，她突然发现自己已经很难进行深度阅读了！为此，她为自己设计了一个实验，将自己作为实验对象，尝试拿起一本大部头，即黑塞（Hermann Hesse）的《玻璃珠游戏》（*Das Glasperlenspiel*），看看是否能读得下去。

沃尔夫的实验失败了。当她开始重读年轻时钟爱的那部小说时，"我体验到了大脑皮质受到的重击。我没法连贯地阅读这本书……就好像有人往我的大脑里倒了黏稠的糖浆一样"。这次失败的实验大概是促使她写下续集《升维阅读：数字时代下人类该如何阅读》的契机，其实那本书的中文繁体版书名《回家吧！迷失在数位阅读里的你：认知神经学家写给荧幕时代读者的九封信》（台北商周出版，2019）更接近英文书名 *Reader, Come Home : The Reading Brain in a Digital World* 的原意。在书的第四封信中她介绍了这一实验，并总结了教训：

　　而我从中得到的教训，我本不愿意再向任何人提起，那就是个人的阅读方式的确出乎意料地改变了。如今，我可以在平板电脑上快速地阅读。事实上，我读得太快以致无法理解文字的深层次意义，我不断逼迫自己频繁地回看，一遍遍地读句子，内心也经历着越来越严重的挫败感。我对于每个语句中出现的从句和短语越来越不耐烦。之前，我也读过普鲁斯特和托马斯·曼写的更长的句子。但我觉得黑塞用这些语句表达自己的想法简直多此一举。最后，我所谓的深度阅读过程终究没有出现，我的思维已经发生了改变。

　　这让我想起《庄子·天地》里的一则故事，说孔子的弟子子贡走到汉水南岸，看到一位老人家在整治菜畦，只见他挖了条隧道通到井里，然后抱着一瓦罐进去打井水，再出来浇菜地。老园丁用了好大的力气，但收效甚微。子贡赶忙上前出主意，他对老园丁说，你为什么不用桔槔呢？就是用木头做的汲水的机械，用它来从井里抽水，一天灌溉上百畦地也没有问题。那老园丁听罢，不但不感谢，反而很生气。他嘲笑道："吾闻之吾师：有机械者必有机事，有机事者必有机心。机心存于胸中，则纯白不备。纯白不备，则神生不定。神生不定者，道之所不载也。吾非不知，羞而不为也。"他的意思大概是说，人如果用了机械，就会有一颗机械之心。人心机械化了，就失去了赤子之心。这一番话说得子贡羞愧无言。

这则故事收录于《庄子》外篇，不一定是庄子本人写的，而且故事也可能纯属虚构。但故事中最令人惊叹的，还是那位老园丁的观点"有机械者必有机事，有机事者必有机心"，如果套用现在的理论术语可以说是"机心假说"——假设人使用机械，反过来机械会影响人心，产生决定性的作用。这个观点的逻辑，与马克思提出的"异化"的逻辑有某种惊人的相似之处，观察思考的角度都是：**人的劳动对象或工具有可能反过来影响人本身**。前面沃尔夫的经验颇具代表性，她本是痴迷于阅读并专攻阅读的顶级研究者，但她用于研究的各种数字化工具，渐渐改变了她的思维，让她自己也很难继续开展深度阅读了！

有一位西方伦理学家施韦泽（Albert Schweitzer，又译"史怀哲"）很喜欢读老庄。施韦泽是一位了不起的人道主义者，他是现代志愿者运动的开创者。青年时代，他是一位管风琴演奏家，24岁获得哲学博士学位，25岁获得神学博士学位。当他萌生直接为人类服务的志愿后，30岁开始学医。1913年获得医学博士学位后，便深入非洲丛林，开办诊所，义务为当地居民治病达半个世纪之久，直到逝世。1953年10月他还获得了1952年度诺贝尔和平奖，奖金数额正好够他建立一个麻风病病区。爱因斯坦曾说，在 20 世纪西方世界，施韦泽是唯一能与甘地相比的具有国际性道德影响的人物。在台湾地区，有一个奖项"儿童阅读史怀哲"就是以他的名字命名，专门奖励为儿童阅读推广做出杰出贡献的机构和个人。

1923 年，施韦泽在《文化和伦理》一书中也讲述了《庄子》中的那则故事，他将老园丁的话解读为一个严肃的文化警示："由机器带来的变革，我们大家几乎都受到太规则化、太死板、太紧张的劳动的折磨。我们难以集中心思进行反思。家庭生活和儿童教育发生了危机。我们大家或多或少都有丧失个性而沦为机械的危险。"他在《敬畏生命：五十年来的基本论述》（*Die Ehrfurcht vor dem Leben: Grundtexte aus fünf Jahrzehnten*，上海社会科学院出版社，2003）中还说道："知识和能力的成就带来了利弊兼有的双重后果。为了解决这一问题，我们必须思考人类的理想，并要努力创造一种尽可能促进而不是阻碍这种理想实现的环境。"

还有一位传播学界的奇人麦克卢汉（Marshall McLuhan），早在没有"网际网路"这个名词的年代已经预言了它的诞生，并提出了"地球村"的概念。他在 1964 年出版的《理解媒介：论人的延伸》（*Understanding Media: The Extensions of Man*，商务印书馆，2000）一书中提出的两个重要论断——"媒介即人体的延伸""媒介即是讯息"，曾让传播学界大为震惊。在我看来，这两个论断与前面那位老园丁的"机心假说"颇为相似。这一假说可以这么理解：人发明的机械或媒介可以被看作人体某种功能的延伸，在使用机械或媒介时它们会在不知不觉中影响人本身，这种影响是决定性的。还可以再增加一个假设：被发明的机械或媒介的使用效率越高，对人的影响也越快、越深。

在用木头制造桔槔的年代，这种影响缓慢、微弱得几乎体察不到；在使用大机器生产的年代，这种影响就可以在对一两代人生活状态的观察中发觉出来；而到了电子媒介时代，这种影响几乎变得即时可见了。

在沉浸于电子媒介的时代，我们重新来看儿童阅读会遇到的全新挑战。一方面，整体阅读的数字化趋势如何看待？另一方面，在新媒介环境中如何引导孩子爱上阅读？如何有效开展儿童阅读推广活动？

根据《第十八次全国国民阅读调查报告》（参见中国出版传媒商报网 2021 年 4 月 26 日的相关报道[1]），"从未成年人的数字化阅读方式（网络在线阅读、手机阅读、电子阅读器阅读、Pad 阅读等）的接触率来看，……2020 年我国 0 ～ 17 周岁未成年人数字化阅读方式接触率为 72.3%"。这是需要我们正视的发展趋势，正如聂爱萍在论文《数字时代儿童阅读问题与对策》（载于《中国出版》，2022 年第 6 期）中所说："面对数字时代儿童阅读在观念、行为、内容变化上出现的问题，抱怨批判甚至试图阻止数字阅读发展的行为都是行不通的。"

作为脑神经科学家的玛丽安娜·沃尔夫在《升维阅读：数字时代下人类该如何阅读》中也表达了对发达的电子媒介侵蚀儿童注意力的强烈担忧，但她用了三封长信来讨论可能的对策，其中第八封信提出了打造双素养脑的思路——原文是"biliterate brain"，从字面直译是"能用双语读写的大脑"，

---

[1] 作者注：中国出版传媒商报网 http://www.cbbr.com.cn/contents/499/63966.html。

但显然她在这里并非讨论双语读写能力，而是大脑同时具备应对纸质媒介和电子媒介的阅读能力，大陆中文简体版译为"多元大脑"，从原意上，台湾中文繁体版翻译的"双素养脑"应该更贴切。

沃尔夫接受这样的假设："下一代将会以我们此刻无法想象的方式超越我们。"为了应对未来的生活，他们需要更复杂的能力，包括编码、编程与深度阅读能力，需要更渊博的知识和认知灵活性。这样的假设让我想起纪伯伦（Gibran）于1923年出版的那首诗《论孩子》（*On Children*），诗中有"你们可以荫庇他们的身体，却不能荫庇他们的灵魂，/ 因为他们的灵魂，是住在'明日'的宅中，那是你们在梦中也不能想见的"（冰心译）这样的句子。基于这样的一种敬畏，沃尔夫认为就童年与媒介的关系而言，我们不能采用非此即彼的方式，要避免被两种媒介撕裂，最好是都能熟悉。在具体策略方面，她强调0～5岁的儿童阅读纸质书的重要性，特别强调在这个阶段的亲子阅读；而对于6～10岁的儿童，可以借鉴培养双语读写能力的方法，混合使用纸质媒介与电子媒介引导其阅读与学习。换句话说，高质量的双素养阅读脑需要大人来主动培养，而不是将数码产品扔给孩子，让他们自己去摸索。

这是一种非常积极和务实的态度。特别可贵的是，沃尔夫还从不同的角色视角提出建议，因为一个人的社会身份是多重的。作为科学家，需要深入研究新媒介环境对儿童认知带来的冲击；作为教育工作者，需要进行新的培训，了解不同媒介的利弊和应用于教育的策略；作为公民，需要了解不同社会环境下的媒介鸿沟，尽可能努力加以消弥。显然，这不是一件很容易的事情。尽管我们可能自诩已拥有专家级的阅读脑，但面对未来，仍然感到相当无知。

以我的个人经验来看，最近30年的媒介环境变化实在太快，而且还会越来越快。我最早于1997年接触互联网，那是用调制解调器连接电话线上网的年代，当时感觉打开了一个神奇的窗口，整个世界扑面而来。前期最常用的互联网应用主要是门户网站、个人网站、BBS论坛、MSN网络通话、QQ即时通信等工具，它们渐渐被搜索引擎、博客、微博、微信、短视频和纷繁复杂且不断快速更新的其他社交媒体软件替代。根据2022年8月31日中国互联网络信息中心（CNNIC）发布的第50次《中国互联网络发展状况统计报告》，"截至2022年6月，我国网民规模为10.51亿，较2021年12月新增网民1919万，互联网普及率达74.4%。网民人均每周上网时长为29.5个小时，使用手机上网的比例达99.6%"。从个人感受来说，与最初"触网"的无限欣喜不同，如今常常有生活被网络"裹挟"的感觉。尤其是在新冠疫情的三年间，感觉没有手机已经无法生活。

在2007年的文章中，我介绍了通过论坛和博客等网络媒介推广儿童阅读的可能，如今这些内容已经完全过时。虽然如今通过短视频和社交媒体平台的传播活动看来已十分成熟且热闹，但想想2022年11月才推出的ChatGPT人工智能应用，我猜在这里写下的任何攻略很快也会过时。所以关于儿童阅读推广的重点和难点，也许并不在于求新求变，而在于努力回到如何帮助孩子爱上阅读的原点。从某种意义上说，做减法比做加法更重要。

第十章

儿童阅读的有效传播

- · 儿童阅读新观念和新方法
- · 儿童阅读推广是一种创新的扩散
- · 推广儿童阅读的常见方法
- · 儿童阅读推广人

如果有人说，儿童阅读的推广是一种创新发明的推广，你是否会认为不可思议？如此古老的阅读，怎么能算是一种创新发明呢？

　　阅读对于大多数成年人，的确是天经地义、稀松平常的事情了，但是对于刚刚接触到阅读的小孩子，它神奇而且多少有一点儿神秘。如果从婴儿阶段就大声为孩子读书，你会注意到那婴儿会对大人手上的书越来越感兴趣，他（她）渐渐发现那些动听的语言和美妙的故事居然是从一本书里冒出来的，读书的大人就像童话世界中的魔法师。于是某一天，那孩子会抓起一本书煞有介事地咿咿呀呀起来，虽然他还无法解码书上的符号，但他已经决心要成为一名魔法师。阅读对于人类而言曾经是最伟大的发明之一，而对于新生、不断成长的孩子来说，阅读永远是神奇的发明。站在人类认知发展史的角度看，这也是一个神奇的过程。沃尔夫在《普鲁斯特与乌贼：阅读如何改变我们的思维》（中国人民大学出版社，2012）中写道："人类经历2000年之久，才实现了认知能力的突破，学会阅读字母表，而现在的儿童只需大约2000天就学会了同样的知识。"

　　从社会学习的理论看，孩子学习阅读的过程就是模仿的过程。如本书第三章介绍的持续默读的阅读引导方法，如果在家庭应用，孩子模仿的是家长，如果在学校应用，孩子模仿的是老师和身边的同学。在孩子开始发展认知能力的过程中，阅读是一项需要学习的很重要的发明。

　　创新发明并不总是指新奇的东西。那些被人们熟视无睹的事物，若以新的视角去观察，赋予新的思想和方法，应用于新的领域，同样是创新发明。观念与方法的创新发明，实际上更为常见。比如吃橘子、喝橙汁，本是多么平常的一件事，但在

17 世纪时一位英国海军医生发现，这是预防海上航行最可怕的杀手——坏血病的妙方。坏血病曾经困扰航海业几个世纪，1497 年航海家瓦斯科 · 达 · 伽马（Vasco da Gama）带着他的船队绕过好望角的航行之旅，160 名船员中有 100 名死于坏血病。因此让船员在航海时每天吃个橘子，喝杯橙汁或柠檬汁什么的，那是多么伟大的创新发明！（案例参见《创新的扩散》，中央编译出版社，2002）今天，人们对喝橙汁又有了新的创意，通过某种技术手段延长了保鲜的时间，然后用软盒包装广泛销售，到处打着"每日一杯，健康泉源"之类的广告劝诱大家购买。这既是工业技术的创新，也是商业营销的创新。

近年来的儿童阅读推广，所推广的同样是创新的观念和方法。

🏃 儿童阅读新观念和新方法

什么是创新？罗杰斯在《创新的扩散》中的定义是："一种被个人或其他采纳单位视为新颖的观念、实践或事物。"罗杰斯所说的"视为"很有意思，这是个相对的视角。换句话说，对于个体而言，一个观念或方法是否客观上是新的并不重要，重要的是个体是否认为它新颖，这决定了个体对它的反应。在第二章提到，崔利斯在作为新闻记者做职业演讲时，发现大声为孩子读书的方法仅被部分学校采用，但效果显著。抱着好奇之心，他又查阅了相关的教育书籍和论文，却发现原来这种方法早已被专家论证并推荐，但仅限于极小的学术圈子讨论。这种方法对于教育学术界、对于崔利斯本人都不是什么创新，但是崔利斯非常敏感地发现，对于广大的应该了解的家长和老师们来说，却的的确确是一种了不起的创新。于是他在 1979 年写下了《朗读手册》，希望通过自己的推广，改变家长和老师们关于儿童阅读的**信念**，并激发他们行动的**欲望**。

借用塔尔德（Gabriel Tarde）在《传播与社会影响》（*On Communication and Social Influence*）中的表述："被发明的事物和被模仿的事物总是一个思想或意志、判断或目的，这个事物又体现了某种程度的**信念和欲望**。"比如因缘际会，我在 2002 年读到了崔利斯的《朗读手册》，它对于我而言也是创新的观念和方法，影响了我的**信念和欲望**，于是我开始身体力行，同时又把这种观念和方法继续推荐给其他人。创新的扩散就是这样开始的。

就说故事与大声为孩子读书而言，一个有趣的现象值得琢磨：这两种方法其实早已为人所知，而今天在阅读推广活动中却似乎很新鲜，为什么过去不算是创新呢？英国早期颇有影响力的讲故事艺术实践者玛丽·夏洛克（Marie L. Shedlock）在她于 1917 年出版的《说故事人的艺术》（*The Art of the Story-Teller*，中文版译作《怎样给孩子讲故事》，金城出版社，2008）中说道："说故事几乎是世界上最古老的艺术——最早的有意识的文学交流形式。在东方它仍然存在，常常能在街角看到一群人被一个简单的故事吸引的情形。"20 世纪初，美国的儿童图书馆员邀请夏洛克去表演说故事的艺术，并且培训图书馆员成为说故事人，渐渐将大声为孩子读书（说故事）演变成图书馆中例行的儿童阅读活动。将这种古老的方法结合书籍应用于儿童阅读，这就是一种创新。

在中国，许多人也曾在观看国外的电影或阅读西方的文学作品时见过这种大人为孩子读书的情景，虽然觉得挺新鲜，但似乎全无感觉，既不采用，也不拒绝。以这种方式了解，或者这样的了解状态，不是创新的范畴。如罗杰斯所说："一项创新的新颖度可以由以下三方面表达：所含知识，本身的说服力，以及人们采用它的决定。"也就是说，只有当一种新的观念和方法，具有说服其他人的倾向，促使人们面临着采用或拒绝的选择时，这才是我们要讨论的创新。

近年来的儿童阅读推广活动中有很多说法和主张，这里我精选较重要的一些略做介绍，大致可构成儿童阅读推广的主要内容。从范围上看，大体可分为"为什么读""读什么"和"怎么读"三部分主张。

（一）为什么读？

过去一般认为儿童阅读的目的就是学文化、学知识，这种纯朴的认识本身并无不妥。但由于阅读中过强的功利意识，以及对"知识"概念的狭隘理解，人们往往从"识多少字""读到多少知识点"等量化指标来判断儿童阅读的成效。常常具体表现为：在早期阅读中以识字替代阅读；在阅读教学中过分强调所谓"阅读技巧"；在阅读素材的选择上，重教育轻娱乐，重知识轻想象。

儿童阅读的新观念并不否定儿童学文化、学知识的基本诉求，但主张应当更为丰富、更具人文色彩，特别是应当更加富有"童年关怀"。新观念的一个重要前提是：儿童就是儿童，既不是缩微的大人，也不是待成长的大人。童年是一个独特的成长阶段，有其自身独特的规律和诉求。理解并尊重儿童概念，与理解并尊重成年概念，具有同等的价值。台湾信谊基金会所推崇的"守护孩子唯一童年"就是非常有代表性的理念，它与波兹曼（Neil Postman）在《童年的消逝》（*The Disappearance of Childhood*）中的主张不谋而合："这样的家长不只是在帮助他们的孩子拥有一个童年，而且同时是在创造某种知识精英。"

儿童阅读新观念首先要关照童年的价值，它并不是说要简单地让儿童愉悦，而是要让孩子以其独特的兴趣和成长特征，在童年阶段获得充分的发展。因此，引导儿童阅读，不是站在成年人社会需要的立场上为孩子们设立标准和发展框架，而是充分观察和研究孩子们的成长，为他们尽可能提供机会，并尊重他们自己的选择。

说到一些具体的主张。比如"帮助孩子爱上阅读"，这也是一个朴素的目的，但它不是通过灌输知识所能达到的结果，而是充分尊重儿童成长规律、充分尊重儿童的选择所能达到的结果。它的目标，不是让孩子通过大人引导的阅读，认识多少字、掌握多少知识，而是让孩子将阅读视作生命中不可或缺的一部分，因为真正获取知识、探求真理的道路，主要还得靠孩子将来自己去走。在 2003 年出版的《让孩子着迷的 101 本书》（时代文艺出版社）中，我和萝卜探长写道："我们的目标是，将孩子培养成自觉的、独立的、热诚的终身阅读者。"这样的愿望，在米勒的《书语者：如何激发孩子的阅读潜能》中也有呼应。

又比如"阅读促进儿童多元智能发展"的主张，它仍然沿着一条看似功利的路子发展而来，但极大地丰富了"学知识、学文化"的内涵，它认为儿童阅读并不是要给孩子简单带来可量化的语言点和知识点，而是要帮助发展孩子语言、人际、数学逻辑、内省、运动、空间、音乐、自然观察等方面的多元智能。这一主张对于吸引心态更焦虑的家长颇有效果，但实际上它的初衷并不是功利的，而且在运用到具体的阅读实践中有时难免会有些牵强。所以，我宁愿把它看作对传统功利观念的一种有趣的解构——在这种主张之下，那种在儿童阅读中量化知识点的做法显得非常滑稽可笑。

再比如"推广儿童阅读促进人类文明的传承"的主张。这种提法有点儿拔高，但也不无道理，让孩子们爱上阅读的确是文明薪火相传的最好办法。它从另一个角度，也泛化了"文化知识"的概念，人类文明并不仅限于那些实用的知识点，也不仅限于一些经史典籍。前面提到，在德国促进阅读基金会看来，让孩子爱上阅读是促进社会民主化进程的一个必要手段。不过我认为，这一主张还是不宜过度拔高，淡化儿童观而附加过多的使命感，并不是明智的做法。

另外，过去谈到儿童阅读，很少有人注意到它对成年人自身的影响。在儿童阅读的新观念中，考虑的重心仍然是儿童的阅读成长，但也越来越重视在引导、共读和推广过程中，成年人的同步成长。许多在儿童阅读推广活动中成长的"故事妈妈""故事爸爸"就是这方面很好的范例。《童书中的神奇魔力》的作者尼娜·米可森，《朗读手册》的作者崔利斯，《书语者：如何激发孩子的阅读潜能》的作者米勒，都是很好的范例。从我个人的体会来说，这种受益的体验十分深刻：在引导孩子阅读的过程中，大人的收获不亚于孩子。我甚至假想：与孩子一起分享儿童文学，很可能是成年人重塑人格、自我成长的有效路径。童年对人的一生影响深重，但童年只有一次机会，成长不可逆转。阅读儿童文学，特别是与孩子一起分享，是一种特殊的"童年体验"，这种体验可以无限延伸。这种"童年体验"也可以对人格的发展产生深刻的影响。

（二）读什么？

在传统的阅读观念下，儿童的阅读兴趣倾向似乎总是与成人的期望相冲突。卜卫在《大众媒介对儿童的影响》（新华出版社，2002）中写道："成人期望儿童的媒介兴趣在于富有'教育意义'的纪实类内容，而刺激性戏剧类内容在他们看来是'无意义'的娱乐。"需要再补充一点，对于图书，成人常常会期望孩子快快脱离阅读儿童读物的阶段，对于幻想类的作品也多抱以不支持甚至反对的态度。"1998年北京儿童调查表明，87%的儿童被家长建议或要求过阅读某类图书，87.2%的青少年被教师建议或要求过阅读某类图书。"研究者将家长、教师的要求进行排序，取前五位，与孩子们的阅读偏好进行比较，如表10-1所示（参见《大众媒介对儿童的影响》）：

表10-1 青少年对书籍内容的偏好与
教师、家长所期望的偏好的比较排序

青少年偏好	家长偏好	教师偏好
幽默故事	作文辅导	作文辅导
冒险故事	学习辅导类读物	学习辅导类读物
科学幻想故事	古典名著	古典名著
漫画或卡通	奥林匹克数学	奥林匹克数学
侦探小说	名人传记	科学普及读物

儿童阅读的新观念旗帜鲜明地主张：**儿童应当充分享有阅读儿童文学的权利，充分享有根据兴趣自主选择读物的权利。大人也应当积极引导孩子的选择，但在这个过程中，大人需要虚心学习，并且保持开放和民主的态度。大人应当鼓励孩子优先阅读优秀的作品，但对于孩子阅读"快餐读物""垃圾读物"也不必过分担心。**

儿童应当充分享有阅读儿童文学的权利，并不意味着未满18周岁的孩子一定要阅读儿童文学，实际上许多非儿童文学范畴的书籍也都是适合他们的精神食粮。强调儿童与儿童文学之间的纽带关系，是"儿童本位"观念的自然诉求，也是为了针对当下对儿童文学普遍的无知、忽视和漠视的态度。

今天，许多家长和老师，甚至一些研究者，对于"儿童阅读儿童文学"这样的概念不以为然，很大程度是受了自身成长经历的影响——"你看，我小时候没读过，现在不好好的吗？"这种缺憾和对缺憾的漠然，是时代的产物。朱自强在《童年的诺亚方舟谁来负责打造——对童年生态危机的思考》一文[引自《中国儿童文化》（第一辑），浙江少年儿童出版社，2004]中指出："给童年生态造成最为根本、最为巨大的破坏的是功利主义的应试教育（虽然政府已经提出施行素质教育等教育国策，但是，在教育的现场，教师和家长不仅依然而且变本加厉地奉行应试教育）。一个孩子，一个生气勃勃的生命来到这个世界，本来应该是为了享受自由、快乐的生命，体验丰富多彩的生活的，但是，孩子的生命的蓝天，却竟然被几本教科书给遮黑了。"

专为儿童提供的儿童文学，是"发明"童年概念和改良童年生态的历史产物。优秀的儿童文学是那些对于童年持有特殊的理解和特殊的情感的文化精英，专门针对儿童的成长特点而提供的精神大餐。在世界范围内，自 19 世纪以来诞生了无数优秀的儿童文学作品，安徒生童话只是其中的代表之一。在英国最辉煌的维多利亚时代，几乎每一位著名的作家［如狄更斯（Charles Dickens）、王尔德（Oscar Wilde）等］都以为孩子们创作一些作品为荣耀。中国的儿童文学在五四运动后曾经兴旺一时，当时，包括鲁迅、周作人、冰心、郑振铎等在内的现代文学名家，也都热情地致力于儿童文学的耕耘。在 20 世纪，中国儿童文学的发展虽然几经起伏，几次出现严重的断裂，但至今单从作品的丰富程度来看也已蔚为大观。特别值得一提的是，自 20 世纪初开始，在儿童文学较发达的西方，充分结合艺术表现形式的图画书不断发展壮大，许多世界顶级的艺术家也加入儿童图书的创作中来，在世界童书创作领域又形成了另一股强大的洪流。这股洪流在 50 年代影响到日本，70 年代影响到中国台湾地区，90 年代末影响到中国大陆。一个社会，是否有最优秀的文学家和最优秀的艺术家通力合作为儿童创作最优秀的作品，已经成为这个社会文明程度高低与否的衡量标准之一。

充分保障儿童阅读儿童文学的权利，充分尊重孩子根据兴趣自主选择读物的权利，是改良童年生态的基本要求之一。

具体到儿童阅读的指导实践，成人还有许多的具体困惑。其中最常见的两种：如今市面上的儿童读物品种有那么多，我们如何帮助孩子选择？如今"快餐文化"盛行，我们怎么能引导孩子主动阅读优秀的作品，而避免阅读"垃圾读物"？

对于第一个问题，答案很简单：成人需要学习。我们首先需要承认自己的无知，这不是因为愚蠢或懒惰，而是因为我们儿时的成长环境没能提供构建这种知识结构的条件。这是一种天然的缺憾，但假如我们骄傲地漠视这种缺憾，缺憾将一代代延续下去。断层总得有人来开始填补，今天不开始，更待何时？重建这种知识结构的机会，就在我们的孩子身上。关注儿童文学的阅读，既是为了孩子，也是为了我们自己。要学习就必须虚心，以民主和开放的态度，把孩子当作我们的老师。

比如，当"哈利·波特"系列惊现于大陆童书市场时，不少大人和孩子为之着迷，也有许多大人抱以强烈的戒心。以"哈利·波特"系列为代表的奇幻文学（或者说"魔幻文学"），让许多中国人感觉非常陌生。实际上，在《西游记》和《聊斋志异》之后，中国幻想文学的发展几乎处于停滞状态，极少真正有影响力的作品诞生，只是在儿童文学领域保留了一些传统。虽然人们明明知道，在《格林童话》《安徒生童话》等经典作品中充斥着幻想和魔法，但一旦提到让孩子阅读现代的幻想文学，许多大人几乎是谈虎色变。这是学习不虚心、缺乏开放态度的表现。

综观世界优秀儿童文学作品，其中大部分都是带有奇幻色彩的。拒绝奇幻，并不意味着无书可读，但留下来的只是一个数目可怜的书目，丢失了一个庞大而瑰丽的世界。那位尼娜·米可森本是一位拥有硕士学位的大学文学教师，当她升级做了妈妈，在与孩子们分享阅读快乐时，注意到孩子对奇幻故事的特殊钟爱。她并没有以一个成年人的世故去看待、去限制孩子的阅读，反而开始选修儿童文学课程，充满好奇地观察和研究，品味孩子从中获得的乐趣和收益。在经过长期的研究后，她在《童书中的神奇魔力》中写道："奇幻故事能带给孩子新奇的意象、激发他们思考，更重要的是，它也让他们能够以一种令人振奋、创新的方式，来形塑和重塑他们的世界。它能带领孩子远离他们所处的世界，给予他们探索和创造的自由，并用全面和表现的方式来释放他们的想象力。孩子需要幻想，这是我多年来所观察到的。如果我们忽略了孩子的这个需求，就等于关闭了进入孩子世界的大门，我们将永远无法了解孩子世界里的秘密。"对任何人而言，虚心和开放的态度都是非常重要的。

对于第二个问题，答案就不那么简单了：大人既不必对"快餐读物"过分担心，也不宜简单地放任自流。

置于整体的社会环境下观察，儿童文化的"快餐化"只是当下社会"快餐文化"的一个缩影，物质文明高速发展，但并没有当然地培育出相应的精神文化。早在 20 世纪 20 年代，施韦泽在《敬畏生命：五十年来的基本论述》中就相当尖锐地指出："只在物质方面，而未同时以相应程度在精神方面发展的文化，就像一艘不断加速航行而舵机受损的船，它已失去控制并走向灾难。"即使我们不认可"灾难"的提法，至少也不必对经济的高速发展过于沾沾自喜。物质文明的片面发展，主要是缺乏精神力量制衡的结果，所以一点儿也不奇怪越来越多的人开始在信仰领域寻求支持。快餐文化是高度商业化的结果，以纯娱乐的倾向让人们获得感官刺激从而获得短暂的麻醉。坦白地说，只要你融入这种高压力、快节奏的现代社会，这种短暂的麻醉是必不可少的，甚至可以说是健康的，因为它能有效纾解紧张的情绪。

如此说来，你一定会认为我主张反对并限制儿童接触快餐文化产品。恰好相反，我主张"睁一只眼，闭一只眼"。我也曾经是个孩子，不会傻到以为大人的"禁令"真的会发生良性作用。孩子生来是自由和叛逆的，这是成长的标志之一，一个不渴望自由、不懂得叛逆的孩子没法长大。在儿童的精神世界中，再没有比"禁忌"更有效的诱惑了，那无异于特别制作了一个巨大的广告。另外，适当摄取快餐文化对现代人来说是具有精神疗效的，健康的概念是相对的。回顾我们自己的成长，读过的"垃圾读物"又何止少数。即使其中真有"不良信息"，也未必能被污染。周总理不是还说过，我们既要学会听好的、看好的，也要学会听坏的、看坏的，这样才有分辨能力。在有效的控制下接触"不良信息"，在传播学原理中被称为"预防接种"。

但从另一方面说，我们也不宜对快餐式阅读放任自流，毕竟这种阅读不是"真阅读"。真阅读是有思想的阅读，如沃尔夫所说的"深度阅读"，那是触及生命内在真实的阅读，激发"真、善、美"的阅读，它促使我们审视自身与周围的世界，使我们渴望"诗意地栖居"。这些是快餐式阅读无法提供的。千万不要小看孩子们，他们比那些浸泡在功利圈中的大人更有机会进入这样的阅读状态。问题只是，有没有人鼓励他们，牵着他们的手步入这样的阅读殿堂？

在第三章谈到"持续默读的愉悦倾向"时曾经涉及这个话题，钱伯斯在他的专著《给孩子们介绍书》中用一整章"担忧垃圾读物"讨论了这个话题，他的基本思路是：孩子对于语言的魔力有一种天生的敏感和倾向性，但在现实的种种诱惑面前，孩子们的这种对文学的倾向性最初并不强大，而且在阅读的入门阶段孩子会感到相当的困难。对于所谓的"垃圾读物"，我们可以从文学批评的角度提出这类读物缺乏这样或那样的文学价值，但也许恰好是这些价值的缺失，才使孩子们如此喜爱阅读它们。因为他们在阅读时无需任何负担，不必抱以审视和内省的态度，而这类读物的作者也非常善于通过情节抓住孩子们的注意力。大人不必限制孩子们阅读这类读物，这是他们成长中的自然需求。但是，从阅读文学作品中获得乐趣，是能够而且需要教给孩子的。我们有责任为将他们培养成"有思想的阅读者"而准备营养更为丰富的食粮。

在《自主阅读》（新疆青少年出版社，2020）的第六章"他们会不会只读'简单'的书？"中介绍了在美国学生中的调查研究，也介绍了合肥石头汤悦读计划中的专项研究，其结论是："身处有丰富藏书环境里的孩子，如果能够自由选择自己想读的书，他们并不会只读那些简单的书。相反，随着年龄增长，他们不但会阅读越来越多的读物，而且会自己挑选难度越来越高、情节越来越复杂的读物。"

为孩子们提供并鼓励他们阅读优秀的作品仍然是大人的重要任务，同时，大人还应当尽可能教会他们从中获得乐趣。通俗地说，大人要学会启动另一套"广告"系统，向孩子们"推销"真正的阅读。

（三）怎么读？

传统的儿童阅读指导主要强调识字能力和解读文本结构的阅读技巧，简言之就是传授"印刷文本的识读能力"。这仍然是目前语文课堂教学的主流思路。这种教学思路和配套的教学方法，机械而刻板，几乎让孩子在掌握了基本阅读技巧的同时而厌倦了阅读。它早已引来了广泛的批评，目前正在探索改良中，但基于应试教育的强大压力进展缓慢。在课堂之外，家长如果参与孩子的阅读指导，也难免要向课堂式阅读看齐，大人往往过分强调识字阅读的准确率，反复强化孩子在阅读中总结"什么意思""中心思想"的格式倾向，把阅读理解变成推理标准答案的活动。

在儿童阅读新观念看来，传统的指导方法有害无益。相比之下，没有接受过或拒绝接受这种"指导"的孩子，更有望感悟阅读的真谛。本书的前半部分（第一章至第五章和第八章）都在讨论新的儿童阅读指导方法，这些方法的基本思路是：**以有经验的成人阅读者为核心，将引导儿童阅读的过程视作一个具有活力的生态圈，通过合作与分享促使孩子爱上阅读、习惯阅读和思考。**

在这些阅读方法中最具代表性的是：**大声为孩子读书和持续默读**。它们已经超越了传统的阅读指导的范畴，带有强烈的社会学意义的传播色彩，因此很自然地导致了说故事、读书会以及其他阅读活动的延伸，表现出人际传播、群体传播和大众传播的典型特征。

在《朗读手册》中，崔利斯有一段特别精彩的描述展示了大声为孩子读书的"广告"特征：

到孩子多大时，我就该停止给他读故事了？

一点儿都不给孩子读故事听，以及太早停止读，都是大错特错的。美国国家阅读委员会把朗读描述为"孩子小学毕业之前都应该保持的一种习惯"。委员会用最成功的企业之一麦当劳来举例。这个快餐连锁企业几乎已经有半个世纪的历史，但它从未削减过它的广告预算。麦当劳每年花在广告上的费用都比前一年有所增加；平均起来，每一天的广告费用超出 100 万美元。麦当劳的行销人员从不会有这样的念头："所有的人都已经知道麦当劳了，他们应该会自动上门，所以我们不必再在广告上花大钱了。"

每当我们给孩子朗读时，我们就像在为阅读的乐趣做广告。但和麦当劳不同的是，我们每年都在削减广告预算，而不是增加预算。无论是在家里或学校，孩子越大，我们就越少给他们读书听。……调查也证实，他们（孩子们）在小学中高年级的时候已经很少听故事了。

…………

当我们试着让孩子对阅读产生兴趣时，我们就如同在向他们推销。……在这里我们要推销的东西是"阅读"，而朗读故事是一种令人愉悦的广告方式；反之，做练习册上的习题就是一种令孩子厌恶的广告方式。当孩子感受到的厌恶大于愉悦时，他们就会选择别的产品了。（引自《朗读手册》，天津教育出版社，2006）

儿童阅读新观念所提倡的阅读引导方法，一言以蔽之，就是要引导孩子爱上阅读。正如崔利斯曾经严厉批评的那样，传统的教学投入95%以上的资金和精力教孩子所谓的阅读技巧，但结果只是让孩子越来越厌恶阅读。

儿童阅读新观念提倡的阅读方法，还试图把大人深深地卷入其中，同时提倡日常化和平民化。过去，我们一提到引导孩子阅读，就会想到那是阅读专家们的事情，至少也是经过专业训练的教师们的事情，至今还有很多人"迷信"专业机构和专业方法。但新观念试图告诉大家，儿童阅读指导只是日常生活的一部分：**每天至少为孩子大声读 5～10 分钟，在家庭和学校辟出仪式化的持续默读时间，"有字读字，无字静静翻书"，经常在孩子面前阅读，平常没事与孩子闲聊书，经常陪孩子逛书店和图书馆，有时间带孩子参加一些读书活动**……这些方法简单得不能再简单，简单到迷信技术的人不敢相信它们会产生作用，但多项调查研究表明，这些简单的方法确实能帮助孩子成为"自觉的、独立的、热诚的终身阅读者"。任何一位有初等文化程度的大人都可以做到。

当然，简单的方法并不意味着对大人的要求很低，它要求大人付出时间、精力，甚至试图改变许多大人现有的生活习惯（比如少看手机多读书），以虚心和开放的态度与孩子共同学习。这对于许多为生存打拼的大人来说，比投入相当数额的金钱的要求还要困难。一句话，它试图通过儿童阅读的推广改变许多大人现有的生存状态。这也是推广中常常遇到阻力的原因之一。

说到更高的层次，无论是钱伯斯、诺德曼，还是尼娜·米可森，或是我国台湾地区的"毛毛虫儿童哲学基金会"，都对"有能力的成人阅读者"提出了更高的要求，他们希望成人走得更远，通过引导儿童阅读中的合作学习，帮助孩子发展多元的读写能力。而玛丽安娜·沃尔夫更是建议在电子媒介环境中，成年人最好一边学习一边帮助孩子培养"双素养脑"。所谓"与孩子一同成长"，此言不虚。

儿童阅读推广是一种创新的扩散

创新扩散的研究，曾经在一系列相对独立的领域同时进行，包括早期社会学、人类学、农村社会学、传播学、营销学等。美国学者罗杰斯是在传播学界此方面的集大成者。在他的代表作《创新的扩散》中，系统介绍了创新扩散研究的来龙去脉，在非常丰富的案例基础上构建了一个完整的颇具说服力的体系。下面简单介绍其中的部分原理，并借用这一体系分析儿童阅读推广的基本原理。

如前所述，目前所推广的是儿童阅读的新观念和新方法，从创新的形态上看，观念和方法侧重于软件。通常，一项技术创新同时包含软件和硬件，如果只有软件部分，其直观性差，会导致扩散速度放慢。基于这样的原理，在推广儿童阅读的同时，往往也伴随着推广图画书和儿童文学作品。反过来其理亦然，如果在推广图画书和儿童文学作品时，不同时推广相应的观念和方法，扩散速度也会放慢。卖书人如果通俗地说：在卖做菜原料的同时还要卖烹饪的方法，转译为广告语就是"卖的不是书，而是观念"。

在现实中，创新常常不是单个的、独立的，而是在同一系统、同一时间的一系列创新。比如当前的儿童阅读推广，实际上包含了不同的推广思路和方式：

1.儿童阅读观念和方法的一般社会推广：面向社会、家庭和学校广泛推广；

2.儿童文学阅读教学的课程化：通过阅读课题实验，将儿童文学阅读纳入现有小学语文课程中；

3.小学语文教材的儿童文学化：通过教材的修订，使儿童文学作品尽可能纳入小学语文教材中，同时影响语文教学；

4.专门的儿童文学阅读推广；

5.专门的图画书阅读推广。

在推广活动中，不同的思路和方式常常交织在一起，相互影响。为描述的方便，本章主要介绍上述第一种推广。

在罗杰斯看来，作为一项创新，是否有可能被采用（包括采用的速度），往往取决于如下五种认知属性：

1. 相对优势：一项创新比起它所取代的方法具有的优势。

2. 兼容性：指一项创新和潜在用户的价值观、过往经验、需求的一致程度。

3. 复杂度：一项创新被理解或被使用的难易程度。

4. 可试性：在某些特定条件下，一项创新能够被试验的可能性。

5. 可见性：是否具备可观察性，越容易看到效果，人们越容易采用。

相对优势。虽然前一节努力说明儿童阅读的新观念和新方法在客观上具有很强的优势，但是否能被采用，还取决于个体是否认为其具有优势。在新观念中反对以量化的视角看待文化知识，因此新方法在量化指标上反而处于劣势，比方说，新的阅读方法很难与某种识字教学法比拼：在一段时间内教会孩子认多少字。所以，对这种优势的理解，首先还是观念和态度的问题。假如观察比较的视角换成了孩子对阅读的态度与热情，那么新观念和新方法往往明显能呈现优势。

兼容性。儿童阅读新观念并不迎合传统的儿童教育观，也在一定程度上挑战强大的应试教育体系，因此它的推广必然会遭遇相当强大的阻力。但是它与近些年来兴起的更为自由、开放的儿童教育观相契合：这种教育观倾向于给孩子更为自由、宽松的成长环境，家长与子女的关系更为民主，大人为孩子提供更多成长机会。

复杂度。儿童阅读新方法的原理不能说非常简单，但是对于大多数有阅读经验的成年人，只要能多一些回忆和反思，应该也不难理解。就具体的方法而言，应该说新方法是非常简便易行的，有利于推广与扩散。

可试性。可以说是儿童阅读新方法的最大优势，大人只要拿起一本书为孩子大声读，或者回家安排时间与孩子一同默读，或者走入幼儿园或学校为孩子们读书、说故事，这样就算开始了。不过从另一方面看，开始的确很容易，但要坚持下去并不容易。

可见性。可见度越高的创新越是容易扩散。在儿童阅读的推广中必须努力增强可见度，只是一家一户关起门来实施不利于推广。因此，在引导儿童阅读的方法上，需要强调活动的社会性，注重通过说故事和读书会的方式让它显现出来。新方法的实施者在网上的广泛交流或视频分享，也能凸现其可见性。

总体而言，当下儿童阅读新观念和新方法的形成并非偶然，它们不但考虑到阅读引导本身的合理性，也考虑到扩散或推广的可能性。换句话说，这种创新并不是固有的，而是从一个新观念出发在实践中逐渐形成的。它的本性很灵活，借用罗杰斯的观点来看，"不同的采用者可以使用不同的方法实施并对其进行再创造。在其扩散过程中，创新并不需要保持一成不变。采用一项创新也不必消极地遵守固有模式"。

创新扩散的种类繁多，有如水稻种植新技术的农业技术创新，有如开车要系安全带这样的规则创新，有如饮用烧开的水这样的卫生习惯创新，有如通过避孕方法进行计划生育的医疗创新，还有如推广电脑软硬件新产品这样的营销创新，或如某个重大新闻的扩散，等等，都属于创新扩散研究的范围。虽然每一种创新扩散的方式大不相同，但也有一些共通的原理，善加归纳借鉴，对于儿童阅读新观念的推广很有启发。

原理一：创新仅有明显的益处是不够的。

俗话说：酒香不怕巷子深。这句俗话大概是口耳相传的媒介年代的产物，因为在今天看来它是行不通的，再香的酒也要努力经营、推广。

本章一开始提到的那则引自《创新的扩散》的喝橙汁预防坏血病的案例，实际上早在 1601 年一位英国海军上校兰开斯特（Lancaster）就进行了极有说服力的实验，后来一位军医也进行了验证。谁都认为这么重要的创新应该会很快得到推广吧，可实际上，直到 1747 年才开始在英国海军中实施，1795 年才得到广泛传播，而在英国商船上被广泛采用要到 1865 年，至此在英国的商船上才根除了坏血病。

为什么如此简单又成效非凡的创新，要经过两个多世纪才能全面扩散呢？仅就这个案例，研究者也没有定论。一种说法是，在当时还有其他预防坏血病的方法，每种方法都有自己的拥护者，"喝橙汁预防法"的拥护者相对来说人微言轻。不管怎么说，这个案例在深刻地提醒我们，仅有明显的益处是不够的，要促使创新成功扩散，需要对扩散的规律、推广的渠道和方法做深入的研究。

另一个关于打字机键盘的案例更能说明问题。目前我们正在使用的键盘在英文中叫作QWERTY——注意到没有，正好是键盘左上角连续的6个键。这种键盘从1873年沿用至今。它最初的设计思路是打乱26个字母的顺序，从而降低打字员的出错率，但这种次序的打乱没有经过特别研究，实际上在英文打字中难学而且效率低，因此也催生了一个专门的打字机产业，教人打字也变成了职业。1932年，一位名叫德夫瑞克（Dvorak）的美国教授发明了一种更加有效的键盘排序法，他按字母的使用频率排序，使用率70%的放在中间，22%的放在上面，8%的放在下面，他同时还考虑了左右手的任务平衡问题。总之，这种新键盘无论在人性化方面，还是在工作效率方面，都处于绝对的优势。后来，美国国家标准局与仪器制造商联合会也都批准德夫瑞克键盘作为替代产品。但时至今日，几乎没有人见到过这种键盘。这个案例中新键盘无法扩散的原因非常明显，因为老键盘涉及许多相关者的利益：厂商、销售方、打字老师以及打字者本身。

回到儿童阅读推广中，仅仅证明新观念的新颖性和明显益处是远远不够的。这也是为什么要如此认真地讨论推广方法的原因。台湾地区20多年的儿童阅读运动，一方面证明了成功推广的可能性，另一方面也说明了推广的难度——要不，怎么要用那么多年？

创新的成功扩散到底要靠什么？——"天时、地利、人和"，缺一不可。当然，这是非常抽象的说法。我们继续看罗杰斯提供的原理。

原理二：大众媒介与两级传播原理。

创新扩散的渠道，大众媒介仍然是首要的渠道。但大众媒介的效果是有限的，上一章曾介绍过，"魔弹论"或"皮下注射模式"早已过时。一项创新，通过大众媒介的介绍，可以让尽可能多的人了解到创新的内容，但在说服受众采用方面效力不明显。

一般来说，大众媒介的传播可以引起少数创新者的注意。"大众传媒渠道对较早的采纳者来说比人际关系渠道的作用更大，而对较晚的采纳者来说则不明显。"创新者是新观念的积极搜寻者，敢于尝新，敢于冒险。通常他们具备创新领域更丰富的知识，同时态度更为开放，所以他们往往成为新观念的较早采纳者，并且成为所在社会群体的意见领袖（opinion leaders）。

以前，这些意见领袖会将相关信息转述给身边的人，渐渐形成当地群体的经验。比如在 1964 年，国际卫生组织的贝雷尔森（Berelson）和弗里德曼（Friedman）在台中进行了一次实地试验，在当地以不同的方法推广计划生育的知识和相应的避孕方法。当时台湾还属于欠发达地区，生育观念相对守旧。以往，在类似经济发展状况的地区，此类推广收效甚微，但这一次在台中的推广成效显著。结果堪称辉煌：台中 10000 名适龄妇女中有 40% 采用了计划生育方法，怀孕率立刻下降了 20%。虽然在此次推广中，以海报为主的大众媒介起到了广泛宣传的作用，但通过群众会议和宣传人员上门拜访收效更明显。不过，产生如此辉煌的成果，起主力推动作用的并不是有组织的直接传播活动，而是大量的人际扩散，这种扩散影响到试验者无法控制的地区。比如在活动中，有 20% 的避孕方法采用者是居住在城外的妇女，她们是在此次试验范围之外的。组织者总结道："最重要的事情是发展一批'关键群众'，这些人能够引发足够的个人动力与社会支持使避孕方法在没有工作人员上门宣传的情况下也能继续得以推广……"这里所说的"关键群众"就是意见领袖，这种传播模式被称为**两级传播**。在两级传播的基础上，合乎逻辑地扩展为**多级传播模式**，它强调传播中人际关系网的重要性，同时也是使用和满足理论的自然延伸。

2002 年以来大陆的儿童阅读推广，尤其是其中图画书的推广，非常典型地反映了这种传播模型的特征。起初，推广的攻势是从大众媒体发起的，在各地播撒了种子，点燃了篝火。但后来产生实实在在效果的推动，主要是通过网络实现的。网络传播综合了大众传播、群体传播和人际传播的多种模式，在有意无意间快速形成了多级传播。而在近年进入智能手机的社交媒体时代后，这样的多级传播变得更为容易，那些意见领袖通过朋友圈或关注者可以快速产生巨大的影响。

原理三：人际传播是创新成功扩散的主渠道。

在创新的扩散中，在说服受众采用方面，人际传播是更为重要的渠道。

20世纪50年代，秘鲁农村的卫生状况不太好，公众健康组织打算向村民推广卫生新观念，尤其是倡导村民不要饮用生水，而要饮用烧开的水。洛莫林是一个沿海的村庄，有200多户人家，当地医工尼丽达历时两年，实施烧开水的说服工作，结果居然只有11个家庭主妇接受了这一生活习惯。这个结果令人颇为费解。仅从创新本身来看，当地人染上传染病的主要原因是喝不干净的生水，把打来的水烧开后再喝，方法非常简单，而且可以预防当地人可能感染的大部分疾病，为什么大部分当地人就那么"死脑筋"呢？

扩散研究者在仔细分析了尼丽达的传播方法后，终于发现了问题所在。原来尼丽达一直是站在医疗专业人员的立场上向当地的家庭主妇介绍"细菌"的原理的，在村民的观念和知识结构中根本无法理解，而且他们对尼丽达"高高在上"的专业姿态相当拒绝。在接受尼丽达指导的家庭主妇中，有的自身是在生病状态的（当地人认为病人应该喝热水），有的是外来户，处于人际关系网的边缘。而其中没有一个是村里有影响力的家庭主妇。

研究者指出，尼丽达最大的失误是忽视了村中的人际关系网，她把主要精力投向了错误的方向。而且尼丽达没有摆正自己的位置，她自己本就是村民，属于当地中产阶级的家庭主妇，"她本可以从那些社会经济水平、文化背景与她相似的家庭主妇那儿获得积极响应。其实在大多数扩散运动中都有这样的趋势：更加有效的扩散都发生在那些与工作人员背景更相似的人身上"（引自《创新的扩散》）。

这个案例对观察儿童阅读推广有很好的启发，它非常清晰地揭示了为什么在推广活动中"故事妈妈"的作用那么大。最早的一批"故事妈妈"是少数的创新者，但她们每个人都身处一个人际关系网中，有的人很可能就是关于孩子阅读问题的意见领袖。因此一旦她们加入其中，就很自然地带动了"那些社会经济水平、文化背景"相似的妈妈们。

在互联网上，在每个人群聚集的"部落"，以前的论坛的版主和活跃分子，现在的微博、微信、短视频平台的大 V，也起到类似的传播作用。活跃在互联网上的儿童阅读推广者，绝大多数也是家长或身为家长的老师。这样的交流与扩散过程，就像是大家在同一个平台上互相交换信息，没有多少"专业指导"的味道，随和、平易，人情味十足。因此在这样的领域，一个成功的传播者往往不是权威的专家，至少不会以专家自居。从创新扩散的效果来看，人际传播的作用明显优于大众传播。

在创新的扩散过程中，还有一条重要的人际传播原理：**相比互锁式人际网络，辐射式人际网络更为重要**。所谓互锁式人际网络，就是在个人沟通网络中，不仅中心成员与其他成员之间有关联，任何两个成员之间都有关联。比方说一群经常相聚的亲戚、朋友或同学。辐射式人际网络则相反，仅仅中心成员与其他成员之间有关联，其他成员两两之间不存在关联。比方说，一个人在不同场合遇见的熟人、朋友。很显然，前者比后者的人际关系更近一些，那么为什么在创新的扩散中，后者更重要呢？因为"在辐射式人际网络中，其网络的开放程度更高，中心成员能与更广阔的外部成员交换信息"。

这一原理似乎也可以用来解释，为什么在儿童阅读推广中，在关系紧密的亲朋好友中推广，还不如在关系一般的网友中推广更为有效。它也在提醒推广者，应当努力构建更为开放的人际关系网。

原理四：系统的社会结构对创新扩散的影响很大。

"就像研究血液循环而没有有关静脉和动脉的知识，不懂得社会结构就研究扩散同样是不可想象的。"（转引自《创新的扩散》）系统的社会结构可以促进也可以阻碍创新的扩散。比如前面提到的新型打字机键盘的案例，传统打字机所形成的牢固的利益关系链是导致新键盘技术无法扩散的原因。

本书第七章"儿童阅读社会生态圈"描述了对儿童阅读推广主要产生影响的社会结构，但并不全面，如果全面来说，应该包含整体的社会结构。这种结构包括个人和组织、个体和子系统，他们相互之间的关系，以及他们共同遵守的规则体系。

从创新扩散的角度，这个原理提醒我们，研究儿童阅读推广的问题要懂得从社会结构上探寻原因。比方说，第七章提到贵州部分中学图书馆配书的案例，很多读者可能感到荒谬得难以理解，但如果仔细研究相关的社会结构，就会理解这种现象的"合理性"。研究社会结构，最简明的切入点是：权利与制衡机制，利益与分配机制。

原理五：非口头的沟通与口头的沟通同样重要。

这一原理来自社会学习理论。"社会学习理论最基本的观点就是，个体可以通过观察他人的行为和活动来学习，所以个体的行为要受到所模仿的原型的影响，并不一定要求该个体与原型之间进行口头上的信息交流。因此，在改变行为方式方面，非口头的沟通与口头的沟通都很重要。因为社会学习理论强调了外部因素在改变个体行为方式方面的重要性，并且把沟通看作导致个体行为变化的原因。因此，从根本上来说，社会学习理论认为学习是一个社会化的过程。个体可以通过亲自观察他人的行为，也可以通过大众媒体，尤其是可视性媒体，如电视、电影等，学会一种新的行为方式。社会的模仿过程经常是通过人际网络来完成的。"（引自《创新的扩散》）

示范行为在任何创新的扩散中都非常重要，儿童阅读的推广也不例外。在学校系统内，老师们经常会通过示范课进行交流。而在一般的社交场合，以阅读为目的的说故事和读书会活动就是典型的示范行为。在互联网上，许多家长把亲子阅读活动记录下来，以文章、录音或视频的方式与大家分享，这也是非常好的示范。特别值得一提的是，在人际交往的示范学习中，个体并不是准确地、原封不动地模仿他人的行为，这也可以说是创新的再创造。这种再创造使得创新更具活力，使整个扩散或推广的活动变得更为有趣。

Ⅸ 推广儿童阅读的常见方法

本书第八章曾经介绍，说故事与读书会是儿童阅读推广最常见的两种形式。它们实质上是从大人引导孩子阅读的方法中演变而来的活动与组织形式，比如大声为孩子读书、持续默读、有组织地聊书与讨论等方法，也就是以推广为目的的说故事与读书会的基本方法。

从创新扩散的角度看，推广儿童阅读主要分为大众传播渠道和人际传播渠道，群体传播渠道基本上建立在人际传播渠道之上。

在中国大陆，这一轮儿童阅读的推广活动大致从 2002 年开始，到目前虽然积累了不少经验和教训，但要说已经找到了特别成熟的方法，恐怕为时尚早。下面，我介绍一些在大陆常见的推广方法，它们大多只是在尝试中，还有待大家的参与和再创新。为叙述的方便，我主要以第七章图 7-1 "儿童阅读生态系统示意图"为线索来介绍。

（一）家庭

家庭是儿童阅读推广中最小的单位，看起来主要是创新的采用者，而不是推广者。其实不然。至少在目前中国大陆，家庭是推广儿童阅读最活跃的单位。

一个家庭中，首先是妈妈或爸爸采用了儿童阅读新方法，在新的体验中感觉受益良多，于是很自然地向与自家孩子年龄相近的孩子家庭推荐，或亲戚朋友，或同事同学，这是一种人际关系发展。如果恰好这位家长又是喜欢在网上讨论的网友，很可能又将孩子的最新阅读状况也发布到网上与人交流。这种推荐与交流非常具有说服力。

在大陆的家庭中，专职妈妈占的比例很小，但也有一定的数目。有的专职妈妈特别喜欢收集童书，家中藏书不少，因此也尝试着让邻居和身边的朋友借阅，聚集身边的小朋友们一起说故事。有的小区里几位趣味相投的妈妈聚起来，共同办个小小的"公益图书馆"——这有点儿类似日本的妈妈们曾经创办的"家庭文库"——有的渐渐转型为小型的绘本馆。

（二）社区与绘本馆

社区这个概念可以有两种理解。一种是正式的概念，社区以居委会或街道办事处为单位，街道办事处是政府的基层单位。对于改善社区的阅读状况，这个社区体系也曾经有过一些计划或说法，但到目前为止还没有见过成功的案例。

另一种理解是比较宽泛的，以居住的地段、相邻关系来判断的。比如曾有两个小区的妈妈成功发起过两个读书会，虽然都没能坚持下来，但也留下了一些经验。其中一位妈妈努力获得了居委会的支持，由居委会提供了活动场地。另有一个小区团购群中活跃的两位妈妈，尝试拿出一处闲置房屋开展阅读活动，主要以会员租赁的形式分享图画书，实际上变成了这片社区的绘本馆。这些年来，这样的故事在各地频繁上演，虽然这样的活动与带有一定公益色彩的小型绘本馆很难长久维持，但也为所在区域的一批批孩子带来了积极的影响。

近年来以童书租赁为主营业务的经营性绘本馆在蓬勃兴起的状态中，较为传统的绘本馆形式主要面向周边社区的家庭服务，辐射范围通常在交通工具 10 分钟可达的范围内。而线上绘本租赁的辐射范围更广，但要开展阅读活动往往也需要有加盟的线下绘本馆。据伍静、林皎的《消费者视角下的绘本馆行业发展对策》（载于《时代报告·奔流》，2022 年第 5 期）一文所引用的数据与报道，截至 2019 年，"中国绘本市场规模在 69 亿元左右，其中租赁绘本市场在 14 亿元左右。由于绘本本身零售单价较高，租赁图书市场增速加快，年复合增长率在 33%。但绘本租赁的利润空间却十分有限，平均每本绘本至少要被租借 10 次以上才能收回成本"。换句话说，这是一个小规模、低利润，实际上很难盈利的行业。但这些年来，我在这个行业中接触到许多能力很强且极富热情的从业者，其中大多数都是妈妈们，他们本来完全有机会从事回报更为丰厚的职业，但仍然愿意将主要的精力投入到分享童书与组织各种儿童阅读活动中来，大概是因为这样的经营除了尚可维持的回报外，还有更多成就感与精神上的满足，特别是能与自家的养育经验相结合。从这个角度来说，实际上也形成了某种虚拟的养育社区。

（三）学校

学校也是儿童阅读推广的基本单位。有一位妈妈听我说起"目前最需要推广儿童阅读的地方就是学校"，她感到非常惊讶，问道："学校每天不是都在教孩子阅读吗？"这位妈妈的问题很难回答，答案既是又不是。只有当"不是"的答案成为共识时，推广才有可能。正因为如此，在学校的推广往往是困难的。

本书的第六章重点介绍了在学校推广的案例与经验。近年来，国内对"书香校园"建设普遍比较重视，各地也有一些很不错的做法。方素珍在《绘本阅读时代》（浙江少年儿童出版社，2013）中有四章介绍了一些在学校和小学课堂的推广案例和思路，有台湾也有大陆的学校，都是她有密切接触和亲身参与的实例，读来非常活泼。

不过，评估在学校阅读推广的效果其实相当困难，仔细观察、一定范围的问卷调查，并结合一些基本数据，都是必要的，但评估的要点相当关键。在合肥"石头汤悦读校园联盟"项目中，我曾经设计过一个"学校阅读状况调查评估表"（见表10-2），作为走访与回访项目学校的评估工具，并且据此提出改善的建议。在几年与项目学校的共同努力下，的确起到了很好的作用。

（四）幼儿园

与学校相比，幼儿园没有硬性的教学目标，每个幼儿园都可以按照自己的理解开展活动。目前城市的孩子，绝大部分都会上幼儿园，所以幼儿园也成为推广儿童阅读特别重要的所在。面向幼儿园的推广，多以给孩子们说图画书故事、给幼教老师

表 10-2　学校阅读状况调查评估表

学校：　　　　　填表人：　　　　　时间：

项目	书							人								时间								场所		
	品种		数量		利用情况			校长	校级主管		图书馆员		阅读教师		学生	借阅时间		日常时间		专门活动		在家时间		教学场所	借阅场所	校园环境
要点	品种适度否	比例适中否	适读书数量	人均数量	流通状况	利用方式	利用效果	关注度	实施方案	实施效果	重要程度	专业程度	专业程度	认同程度	自在程度	规定借阅	自由借阅	有阅读课否	每日固定时间	周期或频率	有何效果	推荐与互动	反馈状况	阅读环境状况	设备与环境	阅读环境状况
甲																										
乙																										
丙																										
备注																										

说明：1. 每一项评价均可凭印象打分，打分基本标准为心目中的平均水平，没有印象或无从评价的可以空缺。

2. 评分大致上分甲乙丙三等，每一等中如有区分还可用＋—号辅助，如甲＋、乙—。

3. 本项评估只是为了每个阶段设计对策作参考，不必告知评估对象；有条件可每隔一阶段评估一次。

们开展相关培训为主要的方法。相对来说，幼教老师没有小学老师那么多教学任务的要求，所以似乎更容易接受早期阅读的新观念和新方法。

幼儿园采用了早期阅读的新观念和新方法，可以非常有效地影响家长们。老师们发现有些孩子的家长不太配合，在家里没有进行亲子共读，于是给家长"留作业"，请家长做亲子阅读记录，同时开设专题讲座，讲解亲子阅读的原理和益处。因事关孩子的"评估成绩"，家长们也开始行动起来，渐渐发现，大声为孩子读书不但让孩子对阅读很感兴趣，而且大大增进了亲子感情。

（五）"故事妈妈"或"种子故事人"

台湾"故事妈妈"的事迹曾带来不少启发，这种形式的产生有一定的地域背景。首先有一个人数较多的专职妈妈群体，正好在学校方面，每周有一次教师的晨会，在这个空当需要有义工帮助照看孩子们，于是它慢慢演变成专门的说故事时间。这种形式出现后，社会影响很好，再加上来自官方的鼓励与支持，渐渐普及开来。

这些年在大陆的幼儿园和学校也有越来越多这样个体的尝试，我自己就曾在女儿小学二年级的班级担任过几次"故事爸爸"。不过我深知开展这种活动，只是家长一头有热情，想要进幼儿园或学校为孩子们说故事并不容易。但要是反过来，在幼儿园或学校主动牵头的情况下，组织"故事妈妈""故事爸爸"团并不太困难。所以在合肥"石头汤悦读校园联盟"项目中，发起学校都会主动牵头邀请"故事妈妈""故事爸爸"进课堂，常常会安排在每周例行班会的时间，家长们通常都会积极响应，渐渐就会有牵手的学校开始效仿。

培训故事人的活动也是儿童阅读推广活动中越来越多采用的方法。本书第八章提到的"播撒幸福的种子"培训活动在十周年后，由首都图书馆牵头，汇编了一本文集《彼时花开：播撒幸福的种子十周年文集》（学苑出版社，2018），书中呈现了讲习课程的概况，还有那些"种子故事人"继续播种的故事，他们常常会点燃身边的人，或者因为坚持在某个图书馆或绘本馆讲故事，从而带动了一片区域的儿童阅读。

（六）图书馆

图书馆是阅读的圣地，理应成为推广儿童阅读的重镇。国内一般的图书馆设有少儿部，部分城市还有专门的少年儿童图书馆。图书馆图书资料的丰富程度、藏书是否对孩子有吸引力、借阅与咨询服务是否便利、浏览和阅读的环境是否舒适等，都是影响孩子是否愿意经常到访图书馆的重要因素。但最关键的因素，还是少儿馆或少儿部的图书馆员的专业程度，不但需要有图书馆的专业知识，还需要有儿童文学、儿童阅读相关的专业知识。

有人曾问我在美国有没有绘本馆，我的回答是：没有。因为他们面对儿童的图书馆服务太发达，绘本馆完全没有生存的空间。我在《图画书小史》（江苏凤凰美术出版社，2021）中介绍了美国儿童图书馆员们对100多年来童书发展的巨大贡献。早在19世纪70年代他们就启动了图书馆面向未成年人服务的运动，在 1900 年的匹兹堡就有了专门培训儿童图书馆员的学校，不久后在几乎所有公共图书馆都设立了儿童图书专架，1912 年在波士顿公共图书馆就有了专门的故事人培训……在去美国旅行时，我也特别留意当地的公共图书馆。以旧金山为例，其社区图书馆的密度很大，随处打开手机搜索地图，基本上都在交通工具 10 分钟可达的范围内。我曾随机去向几位社区图书馆的儿童图书馆员咨询，发现他们不但非常热情，而且有很高的专业素养，甚至对儿童心理与养育都相当在行。有这样方便、专业且免费的服务在那里，怎么可能还会有租赁童书的绘本馆？

值得庆幸的是，最近十几年来，中国图书馆界越来越重视面向少年儿童的服务提升。郭春燕在《公共图书馆儿童阅读推广模式的探索》（载于《科技视界》，2018 年第 18 期）一文中以深圳宝安图书馆为例，介绍了这家颇具代表性的图书馆在儿童阅读推广方面许多可贵的尝试。比如，他们不但将精装图画书的副本数提高到 10 本，而且还与当地的教育机构、公益机构进行深度合作，大大提升了儿童阅读服务的专业度和丰富性。这些经验都非常值得借鉴。

（七）书店

传统印象中书店只是选书、购书的场所，但目前大城市里的书城已经纷纷向"休闲购物中心"的方向发展，购书之地也变成了休闲读书的好去处。在书店推广儿童阅读通常以说故事、作者见面会的形式为主。在书店的"说故事时间"是很受欢迎的，但基于种种原因，这种活动很难坚持下去。

在新冠疫情之前，2019年7月1日，《出版商务周报》发表过一个调查报道《上半年童书零售市场如何？30家实体书店销售大调查》，其中提到："从综合数据来看，多家实体书店的童书销售出现下滑，下滑幅度较大的接近30%。"而究其原因，主要是受电商"价格战"冲击、更多元的童书销售渠道（尤其是新媒体）的冲击，而且还有"图书价格上涨，消费者可选择性大，出现分流；……绘本馆等阅读空间的借阅服务兴起"等多重因素的影响。为因应市场变化，"实体书店纷纷开辟童书区、绘本馆或建设专业的儿童书店，儿童阅读空间已成为实体书店的标配"。但也诚如记者所言："实体书店当下存在的最大问题就是转化率不高，而这种转化率需要以一定的客流量为基础。各大书店在进行童书区或绘本馆的升级改造时，无不引入具有国际视野的设计师提升颜值，吸引读者到店。"不过，仅仅是改善书店的物理环境，没有配套的阅读服务，也很难提高转化率。

受疫情的冲击，实体书店的经营更是雪上加霜。根据2022年9月29日《中国新华书店协会会刊》中所引据的《全国实体书店经营情况调研报告》（2022）称："当下实体书店面临的经营发展压力确实不小，近10%的受调查书店表示其在2022年上半年完全没有营收。"目前实体书店也在积极转移到线上经营自救，"参与调查的书店中，62.17%在通过社群卖书，35.92%在通过网店卖书，31.89%在通过发展会员储值，17.3%在做线上读书会，17%在通过直播卖书，另有30.89%在尝试其他方式"。这样的经营环境确实颇令人担忧。

（八）出版社

出版社推广自己出版的书，这是当然的商业行为。但是出版社同时也能推广儿童阅读的理念和方法，并且引领一代风气，这就非常了不起了。日本出版家松居直和他的福音馆，还有我国台湾地区的信谊、天卫等，都是这方面的范例。当然最了不起的还是松居直。他不但身体力行，推广足迹遍及日本的每个角落，带动了出版界的一代风气，而且他还把这种思想和方法带到中国来，真诚地希望为中国图画书的出版出力。受他的影响，日本福音馆——这家世界闻名的专业童书出版社——全体员工140多人，每年要举办大大小小1000多场宣讲图画书和儿童阅读的演讲会！（参见唐亚明的《发展图画书：中国当务之急的课题》，载于日本JBBY专刊，2006年6月）显然，这是单纯的商业利益所无法驱动的，它需要一种文化人的强烈的社会责任感来支撑，这种责任感近乎宗教的虔诚。

目前国内的一些专业出版社与出版机构已经意识到这方面的重要性，也开始了一些尝试，主要以线下讲座与线上课程的形式呈现，未来还会有更多探索。

（九）作家与画家

最近几年，国内儿童文学作家开始经常性地走进学校，开展讲座、作家读者见面会和作品签售活动，也受到了孩子们的欢迎，这本身是一件好事，对于推广儿童阅读很有帮助。不过，由于进入校园的签售活动一时带来了很好的商业回报，引起大家的纷纷效仿，又可能把这样的活动变成纯粹的商业活动，把学校变成了生意场，也违背了推广的初衷，无法起到促进校园阅读的正面作用。因此，从长远来看，儿童文学创作者走到孩子们中间的活动，应该积极鼓励，但需要淡化商业色彩，以推广阅读理念和方法为主。

作家（画家）最好的推广方法就是说故事，说自己创作的故事和自己成长的故事。一个能在现场说故事的富有亲和力的创作者，不但能成功地"推销"自己和作品，而且还能从与小读者的直接交流中源源不断地获得灵感。这类作家（画家）创作出来的作品往往特别适合直接为孩子大声读。说故事也是一门技艺，需要不断地磨炼。

（十）研究与推广机构

大概受西方学科分类的影响，国内与儿童阅读相关的学术领域主要有儿童文学、儿童心理和儿童教育三大块，它们各自做着一些相互独立的研究。儿童的阅读问题，的确可以从文学、心理或教育，甚至更多的领域（比如说传播学、图书馆学等）去开展研究，但作为一门实践活动，其实是没有学科门槛的。用罗杰斯的话说，它们还有待建立一个共同的"学院"。

在儿童文学圈中时常有人感叹：这门被许多人视为"小儿科"的学科受到了太多的歧视，比起医院"小儿科"的受欢迎程度，更是小巫见大巫。但是我们反躬自问，这门学科的建设又为当今的社会生活提供了多少帮助呢？人们无法小看物理、化学，因为生活中每时每刻都深受它们的影响，可以触摸，可以感受；但人们完全有理由"歧视"儿童文学，因为最多到孩子上学后，就可以彻底跟它说声"拜拜"——即便在孩子上学前也可以完全无视。这一门学科如果想要强壮起来，不能总躲在象牙塔里自恋，她需要"堂而皇之"地走入社会生活中，让人可以触摸，可以感受。通过推广，通过积极地参与公共事务，通过为家长和老师们排忧解难，让人们实实在在地感受到，生活中少不了她。

儿童阅读的推广机构，常常会面临现实的尴尬：如果没有商业的驱动，推广活动难以为继；而商业驱动过于明显，则可能变质或遭受严厉的质疑。这一直是一对很难解决的矛盾。

（十一）政府

政府在儿童阅读推广领域可能扮演的重要角色是不言而喻的。有些地方政府发起或引领的阅读活动，渐渐成为区域性全民阅读的品牌，比如"书香中国·北京阅读季""深圳读书月"等活动。

2004 年，国家新闻出版总署启动了每年一度的"向青少年推荐百种优秀出版物"的活动，先由出版社自荐，再邀请专家遴选，于每年"六一"或世界图书与版权日前夕公布。这个评选推荐活动已经延续至今，社会反响不错。这是政府监管部门积极参与推广优秀作品很好的尝试。

能够对儿童阅读产生直接影响的，主要是政府的教育行政主管部门。大体上说，一个地区的教育行政主管部门对儿童阅读的重视和支持程度越高，这个地区的阅读活动越频繁，学生的普遍阅读状况越好。比如前面多次提到的合肥"石头汤悦读校园联盟"活动，之所以能取得国际专家也相互认可的成效，非常有赖于当地包河区教育体育局的大力支持，不但有购书经费、阅读教师培训等方面的直接支持，也包括政策上的支持，比如提升学校图书馆负责人的地位与待遇，促成合肥学校图书馆老师协会的创设，并参与主持"图书馆老师认证培训课程"。当地政府很清楚地意识到，没有专业的学校图书馆教师队伍，不可能实现"图书馆中的学校"的目标。

🏴 儿童阅读推广人

　　什么是"儿童阅读推广人"？大概就是推广儿童阅读的人吧。

　　这几年，这个词已经被广泛使用，一些长期从事推广工作的人或者立志要从事推广的人，都自称或被别人称为"儿童阅读推广人"。如果劳动局或人事局愿意把它开列为一种新职业的话，估计就业率会有一定的提高。

　　你知道"儿童阅读推广人"这个词是从哪里来的吗？说实话，我也不太清楚。我怀疑，有可能是我们自己发明的。在英文和日文中，没听说过有这个词。在印象中，这个词应该是从台湾地区进入大陆的，可是在台版图书或台湾的网页中，我怎么也搜索不到这样的名词。台版图书中虽然也有"阅读推广"的名词，但提到人通常使用"故事妈妈""志工"，或者就是直接的职业或学术头衔。

这个"儿童阅读推广人"的专用名词很可能来源于某种尴尬的场合。比方说像我们这样热心的推广者，发起或者应邀参加一个正式的阅读推广活动，主办方总是需要介绍一下吧：那位是某个领域的教授，旁边是某个专业的博士，轮到这一位了，该怎么介绍呢？——他所学的专业与儿童阅读"风马牛不相及"，他的职业也似乎关系不大，而且也不宜说他是个"专家"（就创新的扩散而言，专家身份未必有帮助），但是显然也不能说他是个热心的普通爸爸或妈妈——于是他很恳切地说：就叫我"儿童阅读推广人"吧！

这大概就是"儿童阅读推广人"的来历。

知道了来历，你也就知道，要想成为儿童阅读推广人并非难事，无需经过专门的资格考试，也不必到劳动人事部门去登记，当然也没有年龄或学历限制，上至八十多岁的老人、下至七八岁的孩子，都可以成为其中的一员。只要你下定决心，愿意为改善儿童阅读的社会生态环境做一点儿贡献。

儿童阅读推广人很像环保主义者，无论贫富贵贱，他都清醒地意识到，自己归属于一个"家园"。为了改善这一"家园"，可以从一点一滴做起，比如节约用水、节约用电，多种树木，少开汽车，把空调的温度设定在 26 ℃，等等。儿童阅读推广人可以做许多类似的事情：在公园里、在旅途中、在候诊室，"公然地"为孩子大声读书；给邻居或朋友的孩子说故事；逢年过节给相熟的孩子送几本好书……改善生态环境，总是从身边的点滴做起的。

儿童阅读推广人特别喜欢《花婆婆》（参见本书第六章）的故事。在台湾，方素珍最爱用它说故事，结果自己也落下了

"台湾花婆婆"的名声；在大陆，彭懿偏要改编成《花爹爹》来说故事，结果自己也升格为最著名的"花爹爹"。大家如此喜欢这个故事，不仅因为"花婆婆"很有环保意识，而且因为她很聪明，懂得用最简单的方法做最困难的事情。想想看，"做一件让世界变得更美丽的事"——谈何容易？可是，"花婆婆"却用撒花种子这么简单的办法就拿出了自己的解决方案。

当然，儿童阅读推广人知道，"撒花种子"只是一个比喻，类似松居直的著名比喻：图画书就是幸福的种子。如何去播种呢？"花婆婆"是走到哪儿撒到哪儿，一点儿一点儿地撒，一天一天地撒，一年一年地撒，不厌其烦。松居直播撒他所说的"幸福的种子"，也有半个多世纪了，已经是名副其实的"花爷爷"了。他撒种子的方法看上去也是那么的"笨"，就是一个地方一个地方地走，一场讲座一场讲座地讲，许多年过去了，在他身后留下一片图画书的花海。

在很多时候，最"笨"的方法也许就是最好的方法。比如，用大声为孩子读书的方法来教孩子阅读；比如，就新观念的推广而言，人与人面对面的交流这样的"笨"办法往往是最好的方法。不过进入 21 世纪了，儿童阅读推广人还会有更聪明的办法，比如利用互联网（或许还会有更新的信息技术），让儿童阅读推广成为虚拟生活的一部分。

麦克卢汉曾经预言，电子媒介时代人类将进入全球村，复归部落化，印刷文化将从此消亡。儿童阅读推广人恰好属于崇尚印刷文化的部落，决心从自己的部落出发，重振印刷文化的雄风。因为这个部族崇尚"童年"，他们愿意与孩子一起成长，永葆赤子之心。

儿童阅读推广人，注定会崇尚施韦泽的伦理观，崇尚建立在此基础上的志愿者精神。孟子说："老吾老以及人之老，幼吾幼以及人之幼。"施韦泽在《敬畏生命——五十年来的基本论述》中说：

善是保存和促进生命，恶是阻碍和毁灭生命。如果我们摆脱自己的偏见，抛弃我们对其他生命的疏远性，与我们周围的生命休戚与共，那么我们就是道德的。只有这样，我们才是真正的人；只有这样，我们才会有一种特殊的、不会失去的、不断发展的和方向明确的德性。

敬畏生命、生命的休戚与共是世界中的大事。

图书在版编目 (CIP) 数据

儿童阅读推广手册 = The Handbook of Promoting Children's Reading / 阿甲著 . — 北京 : 现代教育出版社 , 2023.8

ISBN 978-7-5106-9246-8

Ⅰ.①儿… Ⅱ.①阿… Ⅲ.①儿童－读书活动－研究－中国 Ⅳ.① G252.17

中国国家版本馆 CIP 数据核字 (2023) 第 134871 号

儿童阅读推广手册

著　　者	阿　甲	
出 品 人	陈　琦	
项目统筹	王晨宇	
责任编辑	王春霞	
特邀编辑	赵　晖	
装帧设计	孙　初　申　祺	
出版发行	现代教育出版社	
地　　址	北京市东城区鼓楼外大街 26 号荣宝大厦三层	
邮　　编	100120	
电　　话	010-64258086 （编辑部）　010-64256130 （发行部）	
印　　刷	三河市祥达印刷包装有限公司	
开　　本	889 mm×1194 mm　1/32	
印　　张	9	
字　　数	215 千字	
版　　次	2023 年 8 月第 1 版	
印　　次	2023 年 8 月第 1 次印刷	
书　　号	ISBN 978-7-5106-9246-8	
定　　价	59.00 元	